JN090525

子どもの日本語教育を問い直す

外国につながる子どもたちの学びを支えるために

佐藤郡衛
菅原雅枝
小林聡子

明石書店

序章 子どもの日本語教育を捉え直す

子どもの日本語教育は、ここ30年ほどで大きく進展しました。日本国内の「日本語指導が必要な児童生徒」は、2021年に約5万人をこえています。日本に来る外国籍の子どもはもとより、国際結婚家庭の子どもや日本生まれ、日本育ちの外国籍の子どもも多くなってきました。こうした子どもたちをここでは外国にルーツのある子どもと呼ぶことにします。

外国にルーツのある子どもたちの生活背景、学習背景、家族背景、母語の力などが多様であることはいうまでもありません。外国にルーツのある子どもは全国の学校に在籍するようになっています。そのうち日本語教育の対象となる子どもは増加し、しかも多様化しており、学校教育にも影響をおよぼしています。日本の学校では「日本語」という教科はないため、多くの学校や先生にとり、はじめて日本語教育という課題に直面することになりました。しかし、この30年で学校の日本語教育は多くの実践が積みあげられてきました。それでも、いまだ日本語教育を受けていない子どもも多くいますし、それどころか学校に通っていない子どももいます。

学校での日本語教育が進み、教材も徐々に整備され、また、学校の先生方への研修もなされるようになりました。同時に、「日本語教師」「日本語ボランティア」など多くの人たちが子どもの日本語教育に関わるようになりました。子どもの日本語教育は、「年少者日本語教育」と呼ばれ研究と実践が蓄積されるようになりました。それとともに多くの書籍や論文も刊行されています。こうした中で、私たちはあえて「子ども」、特に小中学生を主な対象にした日本語教育に目を向けることにしました。学校の日本語教育が進む中で、その教育に潜む問題にも目を向ける必要があると考えたからです。これまでは日本語教育の充実を図ることが喫緊の課題でした。そのため「日本語を教えること＝善」という意識のもとその実践が進められてきました。しかし、そうしたことが実は日本語教育を狭めているのではないかと考えています。私たちは、今一度、学校の日本語教育を多角的に捉え直し、子どもの日本語学習の可能性を広げたいと願っています。そのためには、学校の日本語教育を批判的な視点から捉え直すことが必要です。

そのきっかけになったのが、２０２１年12月に開催された日本語文法学会第22回大会のシンポジウム「年少者日本語教育と日本語文法研究」での発表でした。著者である３人が登壇者になり、事前の準備や当日の発表、さらにその後の議論などを通して課題を共有してきました。３人の関わりは古く菅原、小林の二人が東京学芸大学の大学院に在籍していた時からです。佐藤は当時の東京学芸大学国際教育センターに在職し、授業やゼミなどで二人と関わりを持ちました。それ以降も接点を持ち続け、子どもの日本語教育に立場の違いこそあれ何らかの形で関わってきました。それぞれの立場の違いをうまく活かしながら新たな視点から子どもの日本語教育にアプローチしようと考えました。佐藤は子どもの日本語教育の国の政策に関与し、自治体の取り組みにも関わりも持ってきました。菅原は日本語教師として子どもに関わり、学校の日本語教育の現場を多くみてきましたし、先生方の研修にも関わっています。小林は教育言語人類学という視点から子どもの日本語学習を捉え直す試みと同時に、千葉県や千葉市などを中心にして教育委員会や学校現場との関わりを持ってきました。こうしたそれぞれの背景をもとに、学校の日本語教育を多角的に捉え直すことにしました。

なお、本書では「日本語教育」や「日本語指導」という用語を使います。一般に学校や政策・施策では「日本語指導」が使われていますので、そのまま使うことにしました。「指導」という活動に含まれる潜在的なメッセージや思想性などを捉えるためにより広い概念である「日本語教育」という用語も使っています。ただ、「指導」も「教育」も学校や先生などから「与える」という視点が強いため、子どもの学びを強調する意味で「日本語学習」という用語も用いています。文脈に応じてこうした用語を使い分けることにしました。

なお、本書は、研究書ではありません。ですから、自分たちの思いや願いをこめた書き振りになっていますし、立場の違いもあり書き方もそれぞれやや違っています。また、取りあげた実践や事例は私たちが直接関わったり、あるいは担当者から直接話を聞いたりしたものです。外国にルーツのある子どもの教育に関心を持つ行政担当者、学校で指導している先生、日本語の先生、ボランティアの方、この教育に関心を持つ学生さんや一般の人たちに、本書を通して子どもの日本語教育について考えてほしいと思っています。

本書は3部構成で全部で11の章からなります。1部「日本語学習を問い直す」（1章～3章）ではこれまでの日本語教育の取り組みの問い直しと子どもの側から「日本語」の捉え直しを試みたものです。これまで教える側からの視点が強調されてきましたが、子どもは「日本語」を通して何を学ぶのか、子どもからみて「日本語」や「日本語指導」はどのような意味があるのかについて考えてみました。そのことを通して子どもの日本語教育のあり方を問い直しています。

2部「学校の日本語教育」（4～7章）では学校における日本語教育の実践を取りあげ、その現状を子どもの側から捉え直しをしています。また、ここでは母語について取りあげました。母語の重要性はよく指摘されますが、学校でどのように位置づけるかについてははっきりしていません。母語をどのように実践で位置づけるかを考えてみました。さらに、学校の先生方の研修を取りあげ、その現状から今後の課題について提案しています。

3部「国と自治体の取り組み」（8～9章）は、外国にルーツのある子どもの教育に関する国と自治体の取り組みに注目しました。学校の実践に大きな影響力を持っているためです。8章では国の政策がどのように進められてきたか、そしてその政策にどのような特徴があり、どのような問題を抱えているかについて考えてみました。さらに、9章では自治体の取り組みに注目しました。自治体は国の政策をそのまま受け止めて実践しているわけではなく、地域の実態に即してその取り組みは多様です。私たちが直接関わりのある千葉県、神奈川県川崎市、そして佐賀県の三つの自治体を事例にして外国にルーツのある子どもの教育、とりわけ日本語教育がどのように進められているかをみたものです。最後に、終章では本書の知見を踏まえて子どもの日本語教育の今後の課題について提案しました。

このように本書では学校の日本語教育について多様な面から捉え直しを試みています。学校の日本語教育は対象となる子どもの増加と多様化の中で問い直しが必要になっており、これまでとは異なった対応が求められます。そのためにもいま行なわれている日本語教育の現状をしっかり捉え、その教育がどのような問題を抱えているかを把握しようとしたのが本書です。本書が学校で外国にルーツのある子どもの教育、とりわけ日本語教育に関わっている方々の今後の実践の一助になれば幸いです。

最後に、日本語文法学会には発表の機会をいただいたことにこの場を借りて感謝申しあげます。明石書店の大江道雅社長には本書の企画段階から相談にのっていただき、刊行をご快諾いただきました。そして、いつもながら丁寧な編集作業をしていただいた編集者の岡留洋文さんにも感謝申しあげます。また、ご協力いただいた行政担当者、自治体の関係者、学校・地域の方々、そして何より当事者である子どもたちにも深く感謝の意を表します。

子どもの日本語教育を問い直す　目次

2部　学校の日本語教育

1部

子どもの日本語学習

1章 学校における日本語教育の問い直し

1　学校の日本語教育はどのように取り組まれてきたか

子どもに対する日本語教育は、「帰国児童生徒教育」からスタートしました。海外から帰国した子どもの教育が「問題」として取りあげられるようになるのは1970年前後のことです。高度経済成長とともに企業の海外進出が盛んになり、海外で生活する子どもの数が増加し、それに伴い帰国する子どもの数も増加し始めました。特に、現地の学校やインターナショナル・スクールに就学していた子どもの中には、日本語の能力が十分でない子どもが多かったことから、日本語教育が課題になったのです。

「帰国児童生徒教育」で最初に関心が払われたのは、日本語力、とりわけ語彙力でした。当時の調査では、小学校高学年、中学校で学習する語彙に関して日本の子どもとの運用能力の差が大きいこと、類似語を見分ける能力が劣ること、文中で適切な単語を選択する能力が弱いこと、名詞と動詞の慣用的な組み合わせをみいだす能力差が大きいことなどが明らかになっていました。[1] また、他の調査では帰国後2年以上経過した場合、滞在年数が長くとも日本語の力がついていくこと、滞在期間が2年未満の子どもについては日本語の能力の低下はみられないが、2年以上になると少しずつ影響が出てくること、そして帰国した子どもが一番誤りやすい品詞は動詞であり、次いで名詞であることなども明らかにされていました。[2]

1980年代前半までの調査の多くは、日本の子どもと比較し、語彙力がどの程度劣っているか、どのような語彙が不足しているかといった点を明らかにしてきました。こうした成果を踏まえ、帰国した子どもに対する日本語教育は、語彙力を増やすことが目指されました。そのために身近な生活に関する語彙や日本文化に関わる語彙に注目し、その習得に中心がおかれていました。このように学校の日本語教育は、語彙力に焦点をあて足りないものを補う補償教育としてスタートしたのです。

学校で日本語が明確に意識されるようになったのは1990年以降のことです。1970年代から中国帰国者の子どもやインドシナ難民の子どもの日本語教育が開始され成果も蓄積されつつありましたが、子どもの数が少なく、学校教育全体の課題にはなりえませんでした。1980年代、日本経済はバブル期にあり、製造業を中心に人手不足が深刻化していました。

日本政府は１９８９年に「出入国管理及び難民認定法」（入管法）を改正し、日系移民とその子孫に定住資格を与え、日本での居住と労働を認めました。その結果、日系ブラジル人が急増し、１９９０年には約５万６０００人でしたが、94年には一挙に15万人と3倍近くになりました。日系ペルー人も増加していきました。同時に帯同する子どもも急増することになりました。

文部省（当時）は、１９９１年にはじめて「日本語指導が必要な外国人児童生徒の受入状況等に関する調査」を実施しました。その結果、学校で日本語指導が必要な小学生は３９７８人、中学生は１４８５人でした。ただし、「指導を必要とする」という基準が曖昧であり、日常会話ができれば指導を必要としないとみなされてしまうといった問題も指摘されました。実際の子どもの様子は、休み時間や放課後に流暢に日本語を操っていても、いったん授業に参加すると授業内容が理解できない、また理解したことを十分に表現できないといった状況にありました。こうした問題はこの教育が開始された当初からみられたことです。

このように日本語の力が十分でない外国にルーツのある子どもの増加により、日本語が学校で明確に意識されるようになります。当時の学校での日本語指導の一端についてみてみましょう(3)。

【小学校低学年の指導事例（ペルー出身の小学1年生）】

1 1学期は、学習経験が皆無のため、幼児向け雑誌、およびその付録、ひらがな運筆の練習、色塗りの方法、学校周辺めぐりなどを通して日本語指導を行なった。

2 2学期はひらがなの読み書き、生活のための日本語、1〜20の数の練習などを行なった。

【小学校中学年の指導事例（ブラジル出身で滞在期間が約1年の小学4年生）】

1 絵カードをみせ、動物や品物の固有名詞をおぼえさせる。その名前をひらがなで表し文字を導入する。固有名詞の文字を点線で表記し、絵カードと一体化させ練習させる。

2 1の指導を長音、濁音、促音、拗音を用いて表すものに発展させ（例えば、しゃしょう、ひゃっかてん）、ひらがな表記をおぼえさせる。ひらがな文字の筆順や字形を正式におぼえる。カタカナでも同様の指導を行なう。短文を書き、助詞をおぼえる。

【小学校高学年の指導事例（ブラジル出身で滞在期間が約2年の小学6年生）】

1 週8時間専任の先生による取り出し指導を行なった。このうち4時間は個別指導である。

2　個別指導では、『にほんごをまなぼう』『ひろこさんのたのしいにほんご』、そして自作のプリントなどを教材とした。校舎内外をまわったり、日本語とポルトガル語を教えあったりしたが、1時間変化をつけるのが難しい。

3　グループ指導では、ゲームを行ない、日本語の語彙を広げた。ポルトガル語・日本語両方がわかる子どもに通訳してもらい、凧づくり、季節の行事を取りあげ、具体的な操作や体験を多くさせるようにした。

【中学生の指導事例（中国出身の滞在期間が約1年の中学1年生）】

1　週13時間の取り出し指導で、日本語の音声・文字・文型などの指導を行なっていた。

2　『せんせいおはようございます　老師早!』（文部省）、『ひらがなカタカナ練習帳』（中国残留孤児援護基金）、『日本語』（国際日本語学校）、『にほんごをまなぼう』（文部省）を使用している。

このように学校での日本語指導は、特に外国にルーツのある子どもの多い地域の学校を中心に開始されましたが、これまで経験したことがなかったため、試行錯誤で行なわれていたことがこの例からもわかります。外国にルーツのある子どもが多い学校の先生を対象にした調査[4]では、日本語指導の課題について、「日本語を体系的に指導するシステム（教材、指導者、指導方法など）ができていない」という回答が多くみられました。ある先生は、「教職経験23年目だが、日本語指導は国語の指導とはまったく別であることがわかった。研修の機会がほしい」といった声も聞かれました。学校で本格的に日本語指導が開始され、外国にルーツのある子どもが多く在籍する学校で実践が重ねられてきましたが、教科指導と日本語指導の両立が困難だという意見が大変多かったです。

外国にルーツのある子どもの増加傾向は、２０００年代に入ってからも続きます。特に、ブラジル系の人たちが多く居住する群馬県大泉町、愛知県豊田市、静岡県浜松市などの集住地域の学校では、半数近くが外国にルーツのある子どもというところも現れるようになりました。こうした地域には、ブラジルのカリキュラムのもとポルトガル語で授業を行なうブラジル人学校なども多く設置されました。一方、大都市を中心にして中国やフィリピン出身の子どもが増えて、日本語指導が学校での重要な課題になっていきました。この時期になると、日本語力が十分でない子どもが多く在籍する学校には「日本語教室」が設置されるようになりました。しかし、大半の学校は「日本語教室」が設置されておらず体系的な日本語指導ができないため、子どもたちは十分な日本語力がつかないまま、所属学級での学習を強いられていました。特に「散在地域」といわれる子どもが少ない学校での日本語指導はほぼ手つかずでした。

２００８年のリーマンショックで外国人の増加に歯止めがかかりました。製造業を中心に失業者が多くなり、再就職もできないという事態が生じたのです。国では日系人を対象に帰国希望者への支援事業を開始しました。日本に残った子どもも多くいました。２万人以上の日系人が帰国し、子どもも一緒に母国に戻っていきました。日本に残ったブラジル人学校に通っていた子どもの中には、授業料を払えずに学校に行けなくなった子どもも多くいました。しかも日本語力が不十分のため日本の学校にも行けないという不就学が顕在化してきたのです。そこで、２００９年度から緊急対策として、「定住外国人の子どもの就学支援事業」（通称「虹の架け橋事業」）が立ちあがります。子どもが地域で孤立しないよう、日本語指導や学習習慣をつけるための場として、各地に「虹の架け橋教室」を設け、日本の公立学校に転入ができるようにしたものです[5]。日本の公教育の枠組みから「はみ出た」子どもたちの教育、特に日本語教育が課題になってきました。その後、東日本大震災の影響もあり一時的に外国人が減少しましたが、日本経済の回復とともに、製造業、建設業、サービス業などを中心にして労働力が求められようになります。その結果、アジアからの外国人が増加し、子どもの多国籍化と定住化の傾向が強くなったのもこの頃からです。定住化が進めば当然、日本語の習得に一層関心が集まってくることになります。この時期の日本語教育は体制整備や教材・指導法の開発などが中心的な課題でした。

２０００年代以降、日本語指導は多くの学校で行なわれるようになりました。ただ、教育現場には、日本語ができるようになれば学習活動に参加する力もつく、教科の重要な語彙を習得すれば学習活動に参加するための力が育成できるといった考え方が根強く、日本語指導と教科指導が結びつかないという問題が続いていました。そこで、日本語指導と教科指導を統合的に進めるために、文部科学省（以下、文科省）はＪＳＬ（Japanese as a Second Language）カリキュラムの開発に乗り出しました[6]。詳しくは8章で述べますが、これは子どもの学ぶ力の育成を目指したもので、これまでの指導から学習という視点を打ち出したものです。開発直後は現場では使いにくいという声が多くを占めました。その理由は、ＪＳＬカリキュラムをツールとして示したため、授業づくりの負荷が高く、即実践に応用できないということだったように思います。ただ、ＪＳＬカリキュラムの開発を契機に２０１０年代以降、学校の日本語教育はより一層進んでいくことになります。

2 これまでの日本語教育の問い直し

学校の日本語教育が進んでくると日本語を教えること、日本語を習得させることに何ら疑問を挟まず、日本語のみを強調するような状況が生み出されるようになってきました。例えば、「日本語の力を伸ばすには日本語だけを使うようにする」「調べ学習の際に母語でメモをとる子どもがいるのでやめさせよう」「母語禁止」といったことが何の疑問もなく学校で受け入れられているということです。しかも、日本語教育の目標を「日本の子どもと同じような日本語の力をつける」ということもよく聞きます。学校でこうした考えが浸透しているのはなぜでしょうか。

日本の学校教育はいうまでもなく「日本人の育成」のための教育であり、そのために教科とその内容が編成され、日本語で授業を行ない、学習の成果も日本語で評価されています。日本の学校はこのように日本語が大前提であり、日本語ができない子どもには日本語を習得させることを目指してきました。学校の日本語教育は出発点から足りないものを補う補償教育としてスタートしたのもこのためです。しかも、文科省の定義からわかるように「日本語指導が必要な児童生徒」とは「日本語力が十分でなく、教科学習についていけない児童生徒」をさしますが、このことが学校の実践を大きく方向づけています。日本語教育は、学校の学習についていけない子どもに日本語を習得させることが一義的な目標になり、その行為自体に潜む問題を考えることや子どもの多面性をみることを阻んでいるように思います。

学校の組織面にも目を向けてみましょう。学校では日本語ができない子どものために「日本語教室」を設置したり、子どもが在籍する学級で日本語指導を行なっています。「日本語教室」に通う子ども、日本語指導を受けている子どもは日本語ができず、勉強についていけない「低学力」の子どもとして学校の組織上も位置づけられることになります。しかも、日本語担当は学校内で校務分掌に位置づけられることは少なく、学校内ではメインから外れています。日本語の担当者は経験豊かな先生よりも、経験のない先生が担うことも多く、すぐに使える指導のノウハウに飛びつくといった状況を生み出しています。

このことは実践レベルで強化されることになります。学校や先生方は学力をつけることが大きな使命であり、日本語指導の対象なる子どもは、どうしても勉強についていけない子どもとしてみてしまいがちです。日本の子どもたちも日本語ができない子どもをすべてが「できない子ども」として捉えるようになります。当事者である外国にルーツのある子どもも何も「できない」というように自分を捉えるようになります。日本語教育の実践の中で、外国にルーツのある子どもたちは弱者として、そして支援の対象者として位置づけられるようになります。こうした固定した関係性のもとで行なわれる日本語教育は、日本語を大前提にして、日本語を効率よく習得させることに陥ってしまいます。学校や先生方は懸命に日本語教育を行なってきたことは間違いありませんが、これまでの固定した関係性を前提に日本語教育を進めれば、実践に潜む問題を捉え直すことができなくなってしまいます。こうした実践を見直すには、その背後にある固定した関係性を組み替え、新たな関係性を築くことが必要です。

3　子どもの日本語教育を進めるには

そのためには、まずは子どもやことばの捉え方を見直すことです。「日本語指導が必要な」子どもたちは、日本語ではできなくても母語で十分に学習が可能な子どもも多くいますし、多様な配慮をすることで学習が可能になります。まずこのことをしっかり受け止める必要があります。最近、ことばの学習の考え方が変化しています。子どもたちのことばの学習は、日本語や母語の経験が一体になって進むというようにいわれています。つまり、二つの言語能力はバラバラに存在するのではなく、相互に補完的な役割を果たしているという「複言語主義」の視点が強調されるようになってきました(7)。子どもの言語発達にとり、母語を資源として位置づけるということです。これは日本語教育で母語をどのように取り入れていくかという課題につながります。「日本語教育の推進に関する法律」（一般には「日本語教育推進法」といわれていますので、以下は「日本語教育推進法」と呼びます）では、「家庭における言語（母語・継承語）の重要性」が打ち出され、母語が正当に位置づけられるようになりました。この母語を含めた子どもの「ことば全体の力」を視野に入れる必要があります。「ことば全体の力」とは、8章で詳しく述べますが「考える力」「感じる力」「想像する力」、そして「表す力」などをさしていますが、こうした力を伸ばすことが重要です。そのためにも母語や母文化をうまく取り入れていくことと積極的な配慮を行なっていく必要があります。日本の学校は平等主義が根強く、外国にルーツのある子どもに対して日本の子どもと同等に扱うことが多いように思います。外国にルーツのある子どもの問題を個人的なものとしてしまうのではなく、社会的な差異を考慮し、その差異を埋めるために積極的な教育的介入を行なう必要があります。そこでは社会正義や公正の視点が不可欠です。

さらに「ことばの多面性」に注目することも必要です。子どもにとり、ことばは学校の学習についていくだけでなく、自己表現、他者との関係を作っていくうえで不可欠なものです。学習するための日本語力をつけることは重要ですが、それはあくまでも一側面にすぎません。発達という視点からみれば、学校の学習がわからないことと同時に、自分を表現し、他の子どもと関わるためのツールであることばを使えないことも大きな問題です。学習するための日本語の習得を強調するあまり、ことばの持つ多面性が閉ざされてしまうのは問題です。ことばの多面性に着目することで、多様な側面から子どもの発達を支えることが可能になります。学校の適応や学習のための日本語の習得だけでなく、子どもの成長発達という視点から日本語教育を構想していかなければならないように思います。子どもの成長発達にとりどのようなことばの力が必要かを今一度捉え直す必要があります。

また、学習の捉え方を広げていく必要があります。日本語教育では行動主義、認知主義の学習論から、関係論的な学習論を重視するようになってきました。子どもたちが協同の活動への参加を通して日本語に触れ、日本語の力を高めていくことに注目すること、つまり、共に学び合う、学習のプロセスと対話の重視、そして個人の学びと同時に関係性の変化にも目を向けることです。日本語を学ぶことは人間関係と密接に関連します。先生との関係や周囲の友人関係が重要になってきます。人間関係が信頼できるようになれば日本語の習得は進んでいきます。

こうした関係性を築いていくうえで重要になるのが「エンパシー」という考え方です。「シンパシー」は「共感」や「思いやり」といった感情の動きを意味しますが、自分の見方や思いを相手に一方的に押しつけてしまう場合があります。「エンパシー」は、相手の立場になって、「どのように感じているかを想像する能力」を意味します。つまり、「他者を想像する力」[8]が重要だということです。しかも、それは自然に湧くものではなく、知識や情報などが必要な「知的な作業」です。学校生活では、一人ひとりの違いを理解したうえで、相手がどのような状況にあって、どういった思いを抱いているかをくみ取る「エンパシー」型の関係性を築くことが大切です。これは子どもに限ったことではありません。学校や先生も「エンパシー」を持ち、外国にルーツのある子どもたちと向き合う経験を重ねていくことが大切です。多様な子どもが共に学び、その多様性を活かす実践を行なっていくことで、子どもたちは自信を持ち、将来の生活を切り拓いていけるようになります。外国にルーツのある子どもたちを弱者として、また支援の対象者として位置づけるという固定した枠ではなく、二つの言語能力を持った存在として積極的に位置づけ、多様な子どもたちが共に学びあうことで新たな関係性を構築できるような実践を目指すべきではないでしょうか。

そのためには、日本語教育の実践を規定している制度や組織にも目を向け、その変革を視野に入れていく必要があります。特に、学校教育に日本語が正当に位置づけられていないという大きな問題が背後にあります。学校の教科にはないため、日本語教育が十分にできないという問題を抱えたまま実践がなされています。個人や学校のがんばりだけでは限界があります。学校の日本語教育を進めるにはこれまでの制度の見直しが必要です。

注

（1）草薙裕（1980）「帰国子女の日本語語彙運用能力」『日本におけるバイリンガリズム』筑波大学、142～162頁

（2）中西晃他（1982）「帰国児童の日本語力の考察」『東京学芸大学海外子女教育センター研究紀要』第1集、67～93頁

（3）事例については、中西晃・佐藤郡衛編著（1997）『外国人児童・生徒教育への取り組み』教育出版を参照してください。

（4）中西晃・佐藤郡衛編著 前掲書、43～70頁

（5）「虹の架け橋事業」については、国際移住機関（IOM）の以下の報告書を参照してください。http://www.iomjapan.org/publication/kakehashi_report.html（2023年10月30日アクセス）

（6）JSLカリキュラムについては以下を参照してください。https://www.mext.go.jp/a_menu/shotou/clarinet/003/001/008.htm（2023年10月30日アクセス）

（7）大山万容・清田淳子・西山教行編著（2022）『多言語化する学校と複言語教育』明石書店

（8）ブレイディみかこ（2021）『他者の靴を履く』文藝春秋

2章 ことば観の問い直し

1 「言語」とは

２年生の教室にＡＬＴ（Assistant Language Teacher）がはじめて来た日、ＡＬＴと担任がユキの英語の発音を上手だと褒めた。すると「ユキ、アメリカ人だから」とユキが答える。ユキは名前も見た目も日本人であり、日本語の発音もネイティブらしいことから、担任はやや驚いた顔で「ああ、ユキさんのパパがアメリカ人なんだっけ？」「うん」「じゃあ、お家（うち）で英語話してるんだ」「ううん。中国語」「あれ？　ママが中国人だっけ？」「ううん、日本人」「ん？　そうなんだ？」。担任は困惑の表情のまま、その場での会話が終わった。

ユキの父親はアメリカ育ちで中国籍とアメリカ国籍を持っており、ユキとは主に中国語で会話をしています。ユキの母親は日本とアメリカで育ち、日本国籍とアメリカの永住権を持っており、ユキには日本語で話しかけています。そして、父親と母親は主に英語と日本語で会話をしており、家族での会話は英語、日本語、中国語が混ざりあっています。ただ、ユキは「英語が上手」と言われれば「アメリカ人だから」と特定の言語を話すことの理由に国籍をあげ、担任も家族で中国語を話すといえば（母親を）「中国人」だとみています。つまり、国籍と言語はつながりがあるという思い込みがあるのです。そんな中で、ユキは自分がアメリカ人（＝英語）でもあり、中国人（＝中国語）でもあり、日本人（＝日本語）でもある前提で話をするのですが、担任は一人に複数の国や言語にルーツがあるという事態に馴染みがなく、会話がうまく噛み合わなかったわけです。

ユキの事例はやや特殊にみえるかもしれませんが、家の中で複数の言語が混在する複言語環境にある家庭は少なくありません。例えば、スリランカから移住してきた家族には、両親が母語のタミル語ともう一つの国語であるシンハラ語を話す一方で、子どもたちはタミル語を家庭言語としつつも、スリランカにて英語で教育を受けたため、学習言語としては英語の方が得意な子どももいます。さらに、日本へ移住後にシンハラ語を使用する機会が少なくなり、シンハラ語はあまり話せない子どももいます。他にも、家庭で複言語状況にありながら、子ども自身はタミル語のみ、あるいはシンハラ語のみが得意で、その中で日本語を学んでいる場合もあります。つまり、一見「スリランカ人（コミュニティ）」として同じようにみえるかもしれませんが、親の言語と子どもの得意な言語が一致しないことは珍しくありません。「〇〇語を話すから△△人」という単純な図式にあてはめることはできないのです。これは、日本に住む外国にルーツのある子どもだけではなく、駐在員の家庭の子どもや日系人、そして国際結婚家庭の子どもなどについてもいえることでしょう。

どのような複言語環境でどのくらいの時間を過ごすのか、宗教や出身階級など社会環境の影響、複言語話者の得意な言語や言語スキルのバランスなどさまざまな要素が絡み合って「ことば」の力は多様に形成されていきます。より具体に近づけば近づくほど、「〇〇語＝△△人」という固定した見方が不合理だとわかります。しかし、ユキの担任のような第三者だけではなく、当事者である子ども自身も保護者もまたこうした固定した意識を持っていることが多く、それが子どものアイデンティティをめぐる葛藤の要因にもなっています。このように、言語と人の関係の捉え直しは、子どもたちを取り巻く人々と当事者と共に考えていく必要があります。

実は「言語」を社会文化という側面から研究する人たちの間では、このような問題が従来から議論されてきました。そもそも、現代の言語をめぐる研究において、二つの言語観の影響がみられます。[1] その一つが言語を形式として捉えて普遍的な規則体系としてみる見方で、「完全な言語」の「理想的な話し手と聞き手」がいるという前提で、言語への「客観的」「普遍的」「科学的」なアプローチがなされてきました。もう一つが実際のさまざまな状況でおこる言語使用に注目するアプローチです。理想的な話者や完全な言語というのは幻想で、実際にはさまざまな状況下において多様な話者が言語を使っていて、それを研究することが重要だと捉えるものです。どちらのアプローチも言語をめぐる有用な視点かもしれませんが、日本語を学ぶ言語的文化的に多様な子どもたちの状況を理解するためには、「完全な言語」や「その理想的な話者」という前提自体を問い直す視点が必要になります。

そもそも「完全な言語」は存在するのでしょうか。まことしやかに「正しい日本語」といわれたりしますが、はたしてどこからどこまでが「日本語」で、何が「正しい」のでしょうか。「日本語」というカテゴリーでくくると、そこにまるで確固たるものがあるように想像しがちですし、新たな語彙や使い方を「間違っている」と認識しがちですが、私たちが身をもって経験してきているように言語は常に変容しています。

「正しい」「間違っている」という考えにも示されているように、そもそも「言語」は中立ではありません。例えば、①言語を構成する語彙や文法構造が、その言語文化を表していること、②異なる言語や方言、発音などを比較するとそこにはいろいろな考え方や思想（イデオロギー）が絡み合っており、言語は単純にコミュニケーションをするための中立な道具ではなく、社会関係や考え方を表す媒体であること、③人々が実際に言語を使って何かを伝達する時、そこには（直接的でも間接的でも）やりとりに関わる人々の対話構造があり、互いの前提によって意図や意味、解釈にその影響が生じるということ、そして④言語を管理することで人々を管理するという政治歴史的な視点があることなどです。特に四つ目の視点は、「学校では日本語を喋りましょう」「家でも日本語を話すように」「日本にいるんだから日本語を話すべき」のように、日常的な学校教育や家庭にも浸透しています。

このことからもわかるように、「日本語」を学習するというのは、中立な理解・伝達ツールを学ぶことではありません。言語とは歴史的かつ習慣的に作られるものであり、その意味や使い方、形式、そして規範も含めて変容しています。「日本語を学習する」というのは、言語のそういった側面も含めて考えていく必要があるのです。

2　「日本語」をめぐるみえにくい特権性

海外の日本人学校や日本語補習授業校では、海外であるゆえに、強く「日本」「日本人」「日本語」を意識する教育がなされてきました。[2] 日本でも、近年、国際化と保守化の相乗効果から「日本」が強調されることが増えてきました。いまの学習指導要領において、「伝統や文化に関する教育」として「我が国や郷土が育んできた日本の伝統や文化を学ぶ」ことが明記されています。[3]これらは、あくまでも学び手に「日本人」および「日本語話者」を前提とした指針であり、「日本人」であることの「誇り」や、「日本人」でありながらプラスアルファとして国際的なスキルや知見を持つことが推進されています。原田は、国語科教育を事例に、このような目標と内容が学習指導要領に具体的に位置づけられることについて、「自国中心的な思想が表れていること、そして授業の進め方によっては、多様性に開かれた学びとは逆行した展開になる危険性」を指摘しています。[4]

政府が打ち出す教育のグローバル化には、このような「日本人」を対象としたものに加えて、「同世代の外国人との相互コミュニケーションといった国際交流を通じて、多様な価値観に触れる機会を確保するため」[5]、留学生の受け入れが推進されています。その一方で、日本国内に生きる「外国人児童生徒」に関しては、「困難な状況ごとの取り組み」という課題の一つに分類されているのです。つまり、「日本人」の教育のために「有益な存在」と「そうでない存在」としての「外国人」という異なる位置づけがあるのです。日本の教育において「日本人」や「日本語」という前提が強調される中で、日本で生活し、言語や文化的背景が多様な子どもたちは、より「異質化」され、本来資源となりうる言語的文化的多様性はグローバル化の議論の中で不可視化されているといえるでしょう。

人種やジェンダーなど、誰かに自分が何者かを問われることも、自分でそれを問う必要もなく、まるで透明であたり前な存在かのようにいられる状況にあることは「特権」に他なりません。[6] 特権化されていると、「他者」の「異質さ」を認識して相互作用的に自分が「普通」であると捉えがちです。そして、その「他者」がなぜ異質化されるのか、特権化されている状態にある人が構造的な側面を認識することは容易ではありません。

この特権性は、言語に関してもいえることです。日本の学校教育においては、学習指導要領や教科書に「国語」はあるものの、それは日本生まれ、日本育ち、日本語母語話者を前提とした学びであり、「日本語」として意識されたものではありません。つまり、「日本語」は特に意識されることもなく不可視化され、「自然なもの」として特権化されているといえます。日本語を母語とする子どもたちがプラスアルファとして「外国語（英語）学習」をすることと違い、言語的文化的に多様な子どもにとっての「日本語学習」は、足りないものを補うものとみなされるなど、社会的な位置づけや意味づけが異なるのです。このような「日本語」の特権性は、日本語学習者らの言語学習だけではなく、その他の教室での学習、友人関係、学校、家庭、地域での生活など複数の異なる場面に影響するのです。またそれは、学校教育の一時的で同心円上にある話ではなく、一人ひとり子どもたちの中長期的な「生」にさまざまな形で影響を与えます。だからこそ、日本語学習について考える際には、教える側も、学ぶ側も、自分自身の特権性を振り返りつつ、無味無臭で完全な言語や理想的で完璧な話者の存在を前提とするのではなく、実際のやりとりや言語および学習内容の背後にあるものをより俯瞰してみる視点が重要です。

3　ことばの欠陥的見方と二元論を振り返る

外国にルーツのある子どもたちの来日直後の教育について日本語教室や学校の先生とどんな支援が必要かを話し合うことがあります。その時、つい私も「英語ができるかどうか」を一つの指標にしてしまうところがあります。そして、そんな自分に少しの罪悪感をおぼえてしまいます。日本で最も馴染みのある外国語は英語だとはいえ、英語を特別かつ優位な言語として扱うことに加担していると感じるからです。日本語ができてあたり前の中で英語以外に当然のように学校という場で優位に立つ言語は他にあるでしょうか。実際に、英語が通じると先生もその子どもとのコミュニケーションのハードルがグッと下がるのでよいのですが、同時に、無意識的にそれ以外の言語の子どもたちと関わることへのハードルはあがってしまうともいえます。

そもそも言語とは何でしょうか。言語人類学では言語を①経験を表象する記号、②社会組織の一形式、③差異化システムだと定義します。[7] ①はわかりやすいかと思いますが、②は言語のあり方がその社会組織のあり方の一側面であるという見方です。例えば、家族や親族を表す語彙にどのようなものがあるのか、それによってその言語を使う社会文化で何が重要視され、組織化されているのかを垣間みることができることが一つの事例でしょう。言語を理解することは、その社会組織のあり方を理解することにもつながるのです。③については、やりとりにおいて名乗ったり、名付けたり、分けたり、つないだりする行為が言語によってなされるという意味で、言語が差異化システムであることがわかります。また、「ある言語」の存在が「その他の言語」を位置づけるという意味で言語間とその話者間の差異化に関わっているといえます。さらにいえば、「英語ができるから」という発話は、「日本語ができない」という欠陥的前提に立ち、英語とそれ以外の言語を差異化しているといえます。

言語と言語の間に根本的な優劣はありません。しかし、特定の社会文化的コンテクストに生きる現実においては、ある言語が「できる」「できない」ということが実体を持って人々に影響を与えるのです。例えば、アメリカでは1970年代より行政文書で英語学習者は「英語の力が限定的である生徒」"LEP（Limited English Proficiency）student"と呼ばれていましたが、2000年代以降、「限定」（"Limited"）に潜む欠陥的な見方を修正しようと、「英語学習者」（"ELL" = English Language Learner、ないし"EL" = English Learner）と呼ぶようになりました。「結局は同じ状態を表しているだけ」と思うかもしれません。しかし、コップに半分入った水を「もう半分しかない」と捉えるか、「まだ半分もある」と捉えるのかの心理描写に大きな違いがあるように、「日本語ができない／できる子」と「日本語学習者」という「ことば」の違いには、その子どもの存在をどのように捉えているのかという根本的な問いがあるかもしれません。

このような欠陥的な見方は、「支援」という行為にも潜んでいます。例えば、日本語学習支援をしている方々との会話の中で、日本語学習に前向きではない子どもについて、「そんなに日本語の勉強が嫌なら帰ったらいい」だとか、「あっちの国にいた時よりはいい生活してるのに」という声も聞かれたりします。ここに「社会正義」や「支援」の難しさが垣間みえるのではないでしょうか。

議論の大前提として、「公正な社会を目指し、すべての社会的アイデンティティに属する人々が、それぞれのニーズに合うように互いに形作られた社会において、完全に、そして公正に参加することを目標とする」(8)「社会正義」の考え方は重要です。それを達成するために支援が必要不可欠であることも事実です。一方で、どのような立ち位置から「支援」にアプローチするのかは一考の余地があるでしょう。

ユウは肢体に関わる病気で半年遅れて1年生の教室に入った。はじめて教室に来た日には、クラスの子どもたちからの「これからよろしくね」「大変だったね」「早くよくなってね」といったたくさんのメッセージカードをもらい、ユウもうれしいような恥ずかしいような顔でいた。ユウは、車椅子の可動域の関係で、いつも教室の一番後ろにちょこんといる。はじめの頃は、「車椅子を押してみたい！」とクラスの子どもたちもユウとよく関わっていた。学校生活にも慣れてきた頃、学習発表会での出し物に関する話し合いをしていると、いつもは様子をうかがっているユウが「こういうアイデアがいいと思います」と提案をしたことがあった。担任の先生は、少し驚いた顔で「ユウさん、いい考えですね」と声がけをしたものの、子どもの一人が不快そうに「はぁ？」と言い、数名が怪訝な顔でユウの方を振り返り、教室に冷ややかな空気が流れた。ユウは戸惑った顔をして下を向いてしまった。その後、別の場面でも同じ子どもたちに「生意気なんだけど」と言われ、ユウ自身も「何でだろう。別に普通なのに」とモヤモヤを抱えた状況がしばらく続いた。

ユウを「生意気」だと言った子どもがその瞬間何を思っていたのか、そこにはさまざまな気持ちや状況があったかと思います。車椅子で手助けが必要な子のはずなのに「自分たちの」クラスに「自分たちのように」参画しようとする姿に違和感と嫌悪感をおぼえたのか。ユウが特別扱いされていると寂しく／妬ましく感じたのか。何か嫌なことがあった日だったのか。それとも、そのすべての重なりの中にあるのか。

この事例から考えさせられるのは、「支援」は諸刃の剣だということです。「自分とは違う誰か」である「かわいそうな子どもたち」であれば、自分の生活や立場を脅かすものではなく、その子を「手助けしてあげる」ことで自分の優位性を意識することもできます。「自分でも何かできるのだ」という自己肯定感は悪いものではありませんが、典型的な「支援する側」対「支援される側」という二元論で関係性を単純に理解してしまうと、「支援される側」は「自分より弱いもの・地位の低いもの」である（べき）という前提が作られてしまい、それが揺るがされることは「裏切り」のように感じてしまうことがあるのです。

一方で、「障がい者」であれ、「難民」であれ、「子ども」であれ、実際には制度や他者との関わり、その場の状況などによって弱い立場におかれているだけだともいえます。例えば、ユウにしてみれば車椅子であり、入学の時期がずれてはいるものの、他の子のように考え、その場の状況に合わせて振る舞うことができるようになっていきます（ちなみにユウは名前や見た目からは判断がつきませんが、母親が外国籍・外国語話者で、本人は日本育ちです）。「難民」はさらに周囲の環境により生じた象徴的な現象であることはいうまでもないでしょう。特異な経験であることを理解し、それに応じた支援をすることは重要でありながら、「難民」といった特定の社会的カテゴリーが付与され、そのフレームからみられることで多様な個人性がみえなくなってしまい、それが個人間としての理解や関わりを阻害してしまうのです[9]。

日本語を学ぶ子どもたちについて考える際、従来の「マジョリティがマイノリティを支援する」という構図を必要以上に強化せず、「日本語がわからない」といったように差異を欠陥的にみたり、「自分たちとかれらの文化は異なるから交わらない」と差異を絶対的に捉えたりするのでもなく、どのような状況で、どんな時に、言語的文化的差異がおこり、課題となりうるのかをまずは理解をしていく必要があるでしょう。そのためには、自分自身の特権性を振り返り、自分がどの位置から何をみようとしているのかを考えてみることが求められます。

障がいや国籍、在留資格、宗教、言語などはあくまでも社会においてその子を意味づける一側面でしかありません。ただ、それがその子にとっては手足を縛られるような要因にもなりうることは否めません。これまで学習論などでも散々いわれてきたことですが、子どもたちは空っぽの箱でも教えられたことをただ吸い込むスポンジでもありません。かれら自身が持つさまざまな経験や能力、これまでに受けてきた教育内容やシステム、生活環境や社会政治状況のように、異なるスケールと角度から子どもたちやことばを捉えていくことが日本語学習者の支援には必要です。[10]

注

（1）このような言語へのアプローチの系譜については、フェルディナン・ド・ソシュールをはじめとしてさまざまな議論があります。詳しくは、井出里咲子・砂川千穂・山口征孝（２０１９）『言語人類学への招待──ディスコースから文化をよむ』ひつじ書房、などを参照してください。

（2）佐藤郡衛（２００５）「海外子女教育における『日本人性』の問題とその再考──トランスナショナルな海外子女教育の可能性」佐藤郡衛・吉谷武志編『ひとを分けるもの・つなぐもの』ナカニシヤ出版、7～34頁

（3）文部科学省（２０１８）『学習指導要領』https://www.mext.go.jp/a_menu/shotou/new-cs/1384661.htm（２０２３年10月1日アクセス）

（4）原田大介（２０２１）「『共生』の観点から見た国語科教育の問題」『社会言語科学』24（1）、37～51頁

（5）文部科学省（２０１１）「グローバル人材育成推進会議中間まとめの概要」www.mext.go.jp/b_menu/shingi/chousa/koutou/46/siryo/__icsFiles/afieldfile/2012/05/11/1320909_16.pdf（２０２３年６月19日アクセス）

（6）ダイアン・グッドマン（２０１７）『真のダイバーシティをめざして──特権に無自覚なマジョリティのための社会的公正教育』（出口真紀子・田辺希久子訳）上智大学出版

（7）Alessandro, Duranti.（2009）*Linguistic Anthropology*. Cambridge University Press.

（8）青木香代子（２０２２）「社会正義／公正」日本国際理解教育学会編著『現代国際理解教育事典』明石

書店、49頁

（9）佐々木綾子（2020）「日本に『本当の難民』はいないのか」ガイタニディス ヤニス・小林聡子・吉野文編著『クリティカル日本学──協働学習を通して「日本」のステレオタイプを学びほぐす』明石書店、101～117頁

（10）小林聡子（2020）「日本の教育は平等か」ガイタニディス ヤニス・小林聡子・吉野文編前掲書、明石書店、161～173頁

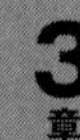

3章 「日本語」を学ぶことを改めて考えてみる

1 知能テストと「日本語」というボタンのかけ違い

「ブラジルから来た子どもは発達障害が多くて」――日本語支援に関わるスタッフが困ったようにつぶやく。あるケースについて説明してくれる中で、私が「検査も行なったのですか？」と聞くと、「やりましたよ。田中ビネー式もＷＩＳＣ（ウェクスラー式知能検査）も」と答える。

このやりとりから何を考えることができるでしょうか。まず、「ブラジルから来た子どもは発達障害が多い」という判断ですが、「日本語指導が必要な児童生徒」は、そもそもブラジル出身の子どもが最も多いです。つまり、他国から来た子どもよりも母数が多ければ、そう診断される子どもも増えて当然、といえます。そのため、「ブラジルから来た子ども」だから「発達障害が多い」とはいえません。

とはいえ、スタッフは単に個人的な所見だけで判断したのではなく、2種類もの知能テストを取り入れて確証を得ています。文科省の調査によると、2021年の時点で、日本語指導が必要な外国籍の子どもおよび外国にルーツのある日本国籍の子ども、そして日本人の子どもの総数のうち、特別支援学級に在籍している子どもの比率に大きな差があることが明らかにされています。義務教育段階の子どものうち3・4％が特別支援学級に在籍していますが、日本語指導が必要な子どもたちは5・1％でした[1]。はたしてこの統計データや知能テストの結果は、外国籍の子どもや外国にルーツのある日本国籍の子どもは障がいを持っていることが多いことを示しているのでしょうか。

以下では、「客観的」「科学的」とみなされがちな知能テストについて、多言語多文化を背景に持つスズの事例を通して改めて考えていきましょう。

「りんごを二つおいてください」児童相談所の担当者が優しい声でそう指示すると、当時6歳10ヶ月だったスズは、果物のおもちゃの中からりんごを二つ手にとり、机の上においた。知能検査の滑り出しはスムーズにみえたが、途中、やりとりが滞る場面が何度かあった。その一つは、担当者が買い物に行く子どもの絵をみせて、以下のように質問した時におこった。

担当者：お母さんのお使いで、どうしてもいるものを買いに行きました。でもお金が足りませんでした。その時スズさんはどうしますか？
スズ：またお家に帰らなくちゃ。
担当者：うーん？　もうちょっと詳しく教えてくれる？
スズ：……お家にまた帰らなくちゃ。
担当者：うん、うん、んん。

スズの回答が短かったのか、担当者が「もうちょっと詳しく教えて」と聞き、スズが「また」の位置を変えて同じことを繰り返す。このように場面を想像して自分のことばで説明を要する質問が数回あった。担当者は決まって「もうちょっと詳しく教えてくれる？」と聞き返し、そのたびにスズは自分の回答を繰り返したり、黙り込んだりしていた。約30分の知能検査の結果、スズは5歳半程度の知能と診断された。

さて、この事例をスズ側の状況を追いながら振り返ってみます。スズはアメリカで生まれ、3歳半で日本に移り住みました。家では、台湾生まれアメリカ育ちの父親は中国語で、日本生まれ日本育ちの母親は日本語でスズと話し、両親同士は基本的に英語で会話をします。そのため、スズの日本語は一見流暢に聞こえますが、家庭での日本語のインプット量ややりとりがモノリンガル家庭と比較すると大きく異なります。その影響で、日本語という側面だけでみると、スズの語彙量や長文作成のスキルはその時点では限定的な状態にありました。

知能テスト後、スズが度々つまずいていた「もうちょっと詳しく教えて」という質問に関してどう思ったのかを聞いてみました。すると、特に「詳しく」を「繰り返す」と勘違いし、なぜ繰り返させるのか、何か間違えたことを言ったのか、と心配になったと答えました。つまり、知能テストの定形文中の「詳しく」という語彙がわからないことで、質問の意図自体がつかめなかったのです。このように、特定の語彙がわからないこと、長文描写が難しいことが、スズの「知能」の問題に転嫁されてしまったのです。

なぜこのように「知能」と「日本語力」のボタンがかけ違ってしまうのでしょうか。それを理解するには、知能テスト自体を改めてみていく必要があります。スズが受けていた知能テストは、ヨーロッパで発展したビネー式知能検査をもとにした「田中ビネー式」といわれるものです。欧米の尺度では日本の子どもを正確に測ることができないという理由で、日本の環境や状況を踏まえて個々の発達を捉えるため、何度も改訂が重ねられてきました。[2]日本の社会文化で育つ子どもに尺度を合わせることで、皮肉にも文化的言語的に多様な子どもたちを測るには必ずしも適切なものではなくなっているのです。

また、冒頭にも出てきたWISCは、どんな言語でも実施可能で、世界各地で広く使用されています。日本でも、日本語学習者の知能検査の際にはよく使われます。しかし、日系ブラジル人の子どもを対象にした調査から、このテストが「①子どもの得意な方の言語で知能検査が行なわれていない、②複言語で実施されていない、③言語理解とワーキングメモリーは言語能力の影響を強く受ける、④通訳の能力の問題」によって、文化的言語的に多様な子どもたちの知能検査において誤判定を導き出す要因となりうるといわれています。[3]どの言語を使って、誰が、どのように実施するのか、そして結果をどのように解釈するのか。つまり、WISCという知能検査自体の問題というより、関わる人々の影響が結果に反映されることが問題となるのです。

そもそも、知能検査は「一人ひとりの子どもの個性に合わせた教育」を目的に作られたものであり、「差別や選別の道具」として扱われること自体が「誤った使い方」だといわれてきました。[4]欧米においては、言語的文化的マイノリティの子どもの特別支援教育での在籍比率の高さが1970年代頃から問題視されてきました。特に知能検査の前提に社会的マジョリティである英語母語話者で中産階級の白人の社会文化を想定していたことから、黒人の子どもと白人の子ども間の結果の不均衡が顕著であることや、英語学習者への配慮の欠如が指摘されてきました[5]。それと同様の状況、つまり「日本語」や母国における教育内容、そして社会環境に起因する差異を誤って測ることで、日本の学校においても特別支援学級への入級がなされている可能性が顕在化しているのかもしれません[6]。

ここで強調しておきたいのが、決して特別支援学級を問題視しているのではない、ということです。特別支援学級では、個々の発達に応じて手厚い支援をしますが、その子の能力の測り方が誤っているとしたら、先生も困るでしょうし、その子も本当に必要な支援が受けられません。現状では知能テストのような一見「客観的」な仕組みの背景に、日本語や社会文化的にあたり前とされる前提（隠れたカリキュラム）が潜んでいます。それが、スズのような多様な言語的文化的背景のある子どもたちを「異質な他者」として「障がい化」し、構造化する可能性を、改めて考える必要があるのです。何のために、何を、誰が、誰を、どのように測っているのか。その子をめぐり問題化されていることは日本語や社会文化的差異に起因するものなのか、それ以外なのか、それらが複合したものなのか。ボタンのかけ違いがおこる根本的な要因を考えなければ、真にその子どもに必要な支援が何かを知ることはできません。このように、日本語を学ぶ子どもを支援するということは、日本語教育の枠組みをこえた理解が必要なのです。

2 「日本語を学習する」とは何を意味するのか

朝の小学校Ｉ年生の教室で、子どもたちは本棚やランドセルの中から各々好きな本をとり、自分の席へと急ぐ。ペルーから来日したばかりのマサミも、他の子と同じように本を手にすると、床の上にゴロンと寝そべった。それをみた担任の先生は、ため息をつき、「マサミさん、ちゃんと席に座りなさい」とグッと腕を引き、マサミを着席させる。当のマサミは困惑した表情をみせた後、ボンヤリとしたまま朝の読書の時間が過ぎていった。

この事例を読み、「教室運営という観点からは仕方がない」「それが日本の学校の文化だから慣れるべき」と思うでしょうか。では、何がおこっているか、マサミの状況も踏まえて少し考えていきましょう。ペルーの幼稚園でも読書の時間があり、マサミはこの時間が本を読む時間だということは理解しています。ただ、欧米諸国でもよくみられるように、マサミが慣れ親しんできた「読書の時間」は、自分が心地よい体勢で本を読むことが当然とされていました。そのため、「読書の時間」（"lee un libro"）というフレーズに沿って自分が知っている行動をとったのです。一方で、日本のこの教室の「読書の時間」では、自分の席で静かに本を読む姿勢が求められています。つまり、「読書の時間」ということばが指し示すのは、単に本を読むことではなく、「どのようにするのか」という直訳以上の意味や目的が暗に含まれていることが、このマサミと先生のやりとりから浮かびあがってきます。このようなことを明確な説明なしにマサミが理解するのは難しく、結果、その場では「問題行動」として対処されてしまったのです。

このような「日本語」を翻訳機などで訳しただけでは理解できないという問題はよくおこることで、「外国語」に置き換えてみても同様のことがおこります。例えば、「英語で四角は？」と問われれば、"square"と答える人が多いのではないでしょうか。それが、英語で書かれた算数の教科書の問題文に"square"と記載されている場合には、「正方形」「二乗」「平方」という意味で理解することが期待されます。つまり、同じことばであっても、その場の状況・文脈によって当然のように何を指し示すのかが異なるのです。「日本語」や「文化的差異」によって、外国にルーツのある子どもたちが特別支援学級へ振り分けられる構造についてはすでに触れましたが、いわゆる「通常学級」の教室においてもことばや文化に起因する問題はおこり続けます。カミンズによると、その場の文脈からある程度想像ができ、高い認知力が必ずしも必要ではない言語能力は「生活言語能力」と分類されています。[7] 例えば、朝の会で「起立！」と言われた時に、子どもたちが一斉に立ちあがる。それをみて「きりつ！」というのは「立ちあがる」ことなのだ、と理解できることは、「生活言語能力」の一例になります。一方で、その場の文脈から読み取ることが容易ではなく、高度な認知力を必要とされる言語能力は「学習言語能力」と呼ばれます。それは、例えば教科書にある算数の文章問題など、目の前の文章以外に読み取るヒントがない場合、それが理解できるかどうかに関わるものです。

もちろん、「これは生活言語能力、こっちは学習言語能力」とキレイに二つに分けられるわけではありません。この理論自体もすでにかなり古いこともあり、言語学的理論としてはさまざまな議論もあります。ただ、もとを辿れば、カミンズは英語学習者に知能検査を第二言語で実施して判定をすることに対抗する考え方としてこの理論を示しており、理論的精密さをこえた重要性があるといえるでしょう。一方で、ある程度その場の様子（文脈）から読み取ることができる日常的な会話ができるようになったからといって、授業で繰り広げられる教科書の中身など、目の前の様子から読み取ることが難しい教科内容（脱文脈化された学習）は理解できていないことはよくあります。その点で、カミンズの理論はやはり一理ある、ともいえるでしょう。

小学2年生の途中で編入してきたメイは、先に日本で働いていた父親が生活基盤を整えたうえで、中国の山村地域から母親と共に呼び寄せられた。父親は毎日朝から夜遅くまで仕事で不在のため、家では母親とメイの二人で過ごすことが多かった。小学校では、中国語で対応ができる教職員はおらず、週に1回1時間、巡回の日本語指導員がひらがなやカタカナ、語彙をおぼえることを中心に指導していた。教室では、中国語での日常会話が理解できるユキが隣の席に座り、通訳の役割を果たす。とはいえ、当時7歳半のユキ自身の中国語も中華系移民2世の父親との日常会話に限られている中で、授業で何がおこっているのか、自分も授業についていきながら通訳を行なうのは至難の業であった。2年生も終わりに近づいた頃、指導員によるメイへの日本語指導は終了した。来日から半年が過ぎ、担任が話しかけるとメイも応答ができるようになり、担任から彼女に話しかける量も増えた。ユキにメイの様子を聞くと、「メイちゃん、日本語もう全然話すよ」と言う。確かに、メイをみていると特に問題なく笑顔で過ごしているようだった。

メイの日本語をめぐる先生やユキの評価は、生活言語能力と身体的な反応ができるようになったというメイのコミュニケーション能力をもとにしています。確かにメイは、他の子どもの行動を模倣し、先生から問いかけられれば、たいていは期待される反応をすることができるようになっていました。時に言語や行動の模倣に失敗し、それが知能・学力・態度・文化的背景に問題があるとみなされてしまうこともありました。でも、メイは他の子どもと同じように振る舞うことで「手助けがいらない」ようにみせ、先生たちから「他の子どもと同じ」だとみなされるように行動するようになっていったのです。

しかし、実は計算や漢字の書き取り以外では、メイはまだほとんど学習プリントやテストで回答ができないままでした。生活言語能力の習得には1年から3年、学習言語能力の習得には5年から7年かかるなどといわれています。メイの表面的な日本語の「ペラペラ感」とメイが先生や友だちが期待したように反応するため、生活言語能力と学習言語能力の区分なく「日本語ができるようになった」と判断されてしまったのです。

日本語がままならない時には、学習プリントはできなくてあたり前だと思われます。ここが難しいところですが、日本語でのコミュニケーションが編入当初よりも相対的にできるようになると、プリント学習ができないことは「日本語がまだ完璧じゃないから」と評価され、「学習もそのうちできるようになる」と認識されてしまうのです。それに加えて、子ども本人もSOSを出さないだけでなく、問題がないように「いい子」に振る舞うことがあります。ただでさえ異質視されているのですから、なおさら「問題がある子」と思われたくないという気持ちは、多くの人が理解できるものかと思います。

このように、本人と周りが「日本語」の課題を不可視化することにより、本来必要な日本語や学習の支援が受けられず、あとは他の子どもに「追いつくかどうか」、つまり「泳ぐか溺れるか」が子どもに託されてしまうのです。家庭やコミュニティでの資源や支援が潤沢でない限り、このような中で「泳ぎきる」こと自体、非常に難しいことは容易に想像できることかと思います。より極端な言い方をすれば、子どもたちが学ぶ場である学校が、非意図的にメイのような子どもたちを不可視化し、積極的に落ちこぼれさせるようなシステムと化してしまっているのです。

3 「日本語」と子どもたちの社会関係――「何となく一緒にいない」に至るまで

メイと他の子どもたちの間をつなぐゲートキーパーになっていたユキが思い悩んだことの一つに、遊びのルールをうまくメイに説明できないということがあった。何度か昼休みの校庭で「色おに」「缶蹴り」「ドッジボール」などがスムーズにいかなかった経験から、他の子どもたちはメイを誘うことを渋るようになっていた。この日も昼休みに「色おに」をしようという話になった。ユキは他の子どもから、「メイちゃんはルールわからないから」ユキだけで参加するように促される。一方、ユキと二人で遊ぶつもりでいたメイは、これから他の子どもたちの遊びが始まること、自分について何かやりとりが交わされていること、ユキが自分にその説明をしないことにイライラしている様で、「ユキのこと好きじゃない（我不喜歡你）」と言い残し、その場を去ってしまった（翌日にはまた一緒に遊んでいた）。そのようなユキとメイや他の子どもたちの間での交渉や調整が度々なされていた。

新年度になり、メイとユキは3年生になった。同じクラスに新たに中国からアミが編入して来た。今度は、メイが通訳としてアミの隣の席に座り、アミへのサポートを託されることになった。班活動など以外ではユキを含む他の子どもたちによるメイとアミへの関与はほとんどなく、教室の中でも外でも数ヶ月の間は「二人きり」で中国語を話し、互いに相談をしながら過ごしていた。

その後、アミは両親の意向で毎日塾に通いだし、日本語も成績もメキメキと伸ばしていった。3年生の終わりには、アミが中国語で話すことはなくなり、メイと二人で過ごす姿はほとんどみられなくなっていた。また、かれらが他の子どもたちと特段仲良くなることもないまま、互いに一人で過ごすことが多くなっていった。[8]

学校における「日本語指導が必要な児童生徒」の教育の議論では、主に「学年相当の学習言語（以下学習言語）」の重要性が強調されがちです。確かに、学校の教室であまり意識されてこなかった学習言語に着目することは非常に重要で、その基本的な知識があるかないかで子どもたちへの理解や対応がかなり違ってくるでしょう。ただ、学習言語はあくまでも「ことば」の一側面でしかありません。言語的文化的に多様な子どもたちにとってみれば、学習内容がわからないこと以上に、子どもたち同士のその場その場でのやりとりにおいて「ことば」の実践的な側面や象徴的な側面が課題として立ち現れるのです。

メイとアミのクラスメイトは、申し合わせてかれらを排除しているわけではありません。クラスメイトの認識は、あくまでも「何となく話さない」「何となく一緒に遊ばない」「何となく一緒にいない」なのです。この「何となく」とは一体どのように形成されていくのでしょうか。私はアメリカの高校における日本人高校生らの調査を行ないました。その結果、かれらは「みんな自然に同じ人種やエスニシティ同士で集まる」と認識していました。ところが、実際には同じ言語を話すもの同士が英語学習プログラムのような仕組みのもとで集められ、特定の言語を話す状況が持続される中で言語的空間・境界が作られていました。またそれは教室の位置やデザインといった物理的空間設計や生徒らの実際の行動範囲などの要素と重なり合うことで強化され、結果的に日本人生徒らの集団化しやすい・せざるをえない状況を作りあげていました。[9] メイとアミのケースにおいても、子どもたちの関係性が決して「何となく」構築されていたわけではないのです。

では、順を追って「何となく」がどのように作られていたのかを考えていきます。まず、ユキがメイの、そしてメイがアミの通訳に任命され、隣の席に座ることは、かれらが「何となく」したことでも、必然でもありませんでした。先生は、新しく編入してきたメイやアミに「通訳」が必要だと認識します。またそれは単に通訳としてだけではなく、母語で話し、共感し合える相手がいることで、幾分かの安心をメイやアミが感じられるための配慮でした。先生がそれに「適した」子どもだとしたのが、メイにとってのユキであり、アミにとってのメイだったのです。そこで、実際に先生からユキやメイに「通訳」という役割の付与がなされました。この場合、どちらの子どもにも断る余地や理由もありません。確かに、メイにしてもアミにしても、親の都合で来日し、自分が望んでもいない言語的文化的環境にある学校にて、自分の「ことば」をわかってくれる人がいることは心強いものだったと思います。

メイもアミも来日直後の1年弱、週に一度取り出しの日本語指導を受けていました。そして教室の中では同じ言語話者同士で隣に座り身体的にそばに居続けるという日常的行為が、教室の日々の言語風景になります。このようなルーティーンが固定化されてしまうことで、周りからは「そういうもの」とみなされていきます。すると、メイとアミという個々の詳細がよくみえなくなり、同言語話者同士で完結しているように扱われ、意図せずに他の子どもたちから分断された状況が作られてしまいます。通訳を託されたゲートキーパーのユキがその役割を教室内外で続けようとしなければ、メイと他の子どもたちとの関わりがなくなるのです。

そして、周りとの関わりがないことやかれらからの眼差しは、意図せずともメイとアミに自分たちが「異質化」されているという認識を与えます。そしてその「異質化」された要因が自分たちの母語やその文化、それらに関連する人々だと捉える傾向があり、それらを時に疎ましく、よくないものとさえみなしてしまうことにつながります。つまり、メイやアミがお互いに支え合う状況は、必ずしも二人にとっての「居場所」や「結束」といったものではなく、抜け出したいみえない檻のようなものとなっていた側面もあるのです。アミが中国語を一切口にしなくなり、メイとも距離をとるようになったことは、まさにその表れであったといえます。繰り返しますが、クラスメイトらは意図的に差別をし、メイやアミを排除したわけではありません。それどころか、「何もしていない」のです。ただ、アミとメイがあまり話さなくなっただけ、とみえたかもしれません。

直接的な差別経験がなかったとしても、「拒絶されているという共通の感覚や、異なっているという感覚、異なっていることが劣っていることだという『よそ者』の感覚」によって、自分たちがマイノリティだと認識し、周囲から否定的な意味づけをされ、不当な扱いを受けていることを理解していきます。[10] さらには、マジョリティが優位な社会でマイノリティが限られた資源を求めていくとマイノリティ集団間および集団内にライバル関係を作り出すといわれます。[11]「スクールカースト」ということばが聞かれるようになりましたが、まさに「2軍」がどのように「1軍」になるのか、あたかも限られた椅子しかないかのようにやり合う様子は、この言語的・文化的マイノリティ集団間や集団内のせめぎ合いと重なります。マジョリティへの同化や限られた資源を取り合っているかのような感覚は、同じエスニック集団内に憤りや対立を生み出すことがあります。

もちろん、このような衝突ばかりではなく、同じ状況にある子ども同士が支え合い、エンパワーし合うことも大いにあります。ただ、そのような場合においても、日本語を学ぶ子どもたちにとっての「日本語」は、他者と関わるための実践的な道具であると同時に、象徴的にかれらと自分たちを分ける・つなぐものにもなっているのです。自らの立場性や母語などの異質性を感じることで、そして、他の子どもたちはそれらに疑問を持つ必要がない状況によって、教室内において「日本語」「日本人」の特権化が意図せずとも強化されていくのです。

注

（1）文部科学省（２０２２）「日本語指導が必要な児童生徒の受入状況等に関する調査結果について」https://www.mext.go.jp/content/20230113-mxt_kyokoku-000007294_2.pdf（２０２３年10月30日アクセス）

（2）中村淳子・大川一郎（２００３）「田中ビネー知能検査開発の歴史」『立命館人間科学研究』６、93～111頁

（3）松田真希子・中川郷子（２０１７）「外国にルーツをもつ児童の発達アセスメントと言語の問題について」『金沢大学留学生センター紀要』21、29～42頁

（4）中村淳子・大川一郎、前掲論文

（5）Cummins, Jim. (1984). *Bilingualism and special education: Issues in assessment and pedagogy*. Cleveland, England: Multilingual Matters.

（6）金春喜（２０２０）『「発達障害」とされる外国人の子どもたち――フィリピンから来日したきょうだいをめぐる、10人の大人たちの語り』明石書店

（7）Cummins, Jim. (1979). "Linguistic interdependence and the educational development of bilingual children". *Review of Educational Research*, Washington DC: American Educational Research Association, 49, pp.222-251.

（8）アミの母親が長年日本に在住しており、日本語も堪能であったことから、学校や地域を含む社会資源へのアクセスがよりしやすかった。学校から大量に渡されるお知らせに書かれた日本語は、「漢字がわかる」中国語話者であっても、日本の学校という特定の文脈に依拠していることから理解が容易ではない。メイの母親は、アミの母親やユキの父親を介してユキの母親とつながることで、学校の情報の一部を手に入れていたが、臨時休校日に閉められた門の前にユキが立っていたり、給食がない日にお弁当を持ってい

なかったり、連絡が行き届かないことも多かった。

（9）小林聡子（２０２１）『国際移動の教育言語人類学――在米「日本人」高校生のアイデンティティ』明石書店

（10）Peshkin, Alan.（1991）. *The Color of Strangers. The Color of Friends*. Chicago: University of Chicago Press.

（11）Tajfel, Henry.（1982）. Social psychology of intergroup relations. *Annual Review of Psychology*, 33, pp.1-39.

2部
学校の日本語教育

4章 日本の学校で生きていくこと──子どもの思い

1 日本語で話すということ・日本語が話せないということ

国内の公立学校には5万人をこえる日本語指導が必要な子どもが在籍しています。「日本語が使えること」が大前提となっている日本の学校で日々を送る「日本語指導が必要な」子どもたちにとっての日本語はどのようなものなのでしょうか。私が出会った子どもたちの様子をもとに、考えてみたいと思います。

来日まもなくまだ日常会話もままならない3年生の男子（A君）は在籍学級の理科の時間、風の力について学ぶ単元で、どの班が一番遠くまで走る車を作ることができるか競うという活動をしていました。車を作る過程では、A君は黙ってみていたようです。話し合いの結果作られた車を走らせてみるとうまくいかず、かれの班では原因究明と車の修正のための協議が始まりました。ある日本人の子どもが「もっとこれ（帆）を大きくした方がいい」と言ったところ、A君が「ないよ！　大きいでしょ、これ（帆）。重いでしょ」と言い出しました。実際にやってみるとA君の指摘の通りでした。みなに「すごい」と言われ、にこにこと頷きながら「車、小さい。これ（帆）、大きい。重い」を繰り返すかれはとても満足気でした。

一方、学校では一言も口を開かず「場面緘黙」と言われた子にも出会いました（B君）。日本語支援者の方との取り出しの授業では普通に話していましたが、日本語教室以外ではまったく話さず、担任の先生もまだこの子の声を聞いたことがないとのことでした。担任の先生の話では、発話はないものの学校に来るのを嫌がったり、休み時間に一人でいたり、ということはなく、クラスの友だちも返事を期待することなく話しかけ続けていたとのことでした。一度だけ休み時間に何かを言ったそうですが、それを聞いたクラスメイトが「B君が話した」と大きな声で周りに伝えたところ、かれはまた口を閉ざしてしまったそうです。在籍学級の授業もみせてもらいましたが、担任の先生もこのクラスの子どもたちも本当に温かくB君に接しているようにみえました。

言語習得のプロセスとして「沈黙期」と言われる時期があります。ことばを発することはないけれど、学習する言語のインプットを受け、それが使われている状況とすり合わせながらことばを学んでいる時期と考えられています。沈黙期はすべての学習者に同じように表れるものではありませんし、その期間もさまざまです。バイリンガル教育の研究者として知られる中島は、トロント市のイマージョン教育の成功要因として、「プログラムのはじめにフランス語使用を強要せず、沈黙期（silent period）を十分に与えていること」をあげています。[1] 沈黙期は声を発する前のこころの準備をする期間でもあります。B君はまだ日本語を話す準備ができていませんでした。「間違えたらどうしよう」「笑われたらどうしよう」という思いもあったでしょう。にもかかわらず、周囲から話すことを期待されることが負担であったのかもしれません。学校が嫌いなわけではないけれど、ちょっとしたボタンのかけ違いで声を出すきっかけを失ってしまったようです。A君の方は自分の考えを伝えたい思いが「笑われたらどうしよう」よりはるかに強く、周囲の日本人の子どもにとっても重要なのはA君の発話の内容であって文法や発音ではなかったため、かれの「つたない」日本語が問題にならなかったのでしょう。

「日本の学校で日本語を学ぶ」ことについて、子どもたちには微妙な思いがあるようです。A君には1年ほど支援者として関わりましたが、日本語指導が終了した後のA君の様子にはなかなか興味深いものがありました。終了後1年ほどは、廊下ですれ違ってもこちらをみようとせず、一緒にいる友だちと話を続けて私を無視するような態度をみせていました。さらに1年ほどすると、今度は遠くから「せんせ〜〜い！」と手を振りながら寄ってくるようになり、一緒にいる友だちに「この人、俺が日本語勉強してた時の先生」と説明するようになりました。この様子をみて、A君にとって日本語を勉強していたのは過去のことになったのだな、いまの自分に自信が持てるようになったから「かつて日本語教室にいた自分」を友だちに躊躇なく話せるようになったのだなと思いました。日本語指導が終了したばかりの頃は、日本語ができなかった自分を認めたくない、知られたくない（実際には友だちはみな知っているのですが）という思いが強く、それが私と関わりたくないという態度になったのだと感じました。それだけ、日本の学校の中で「日本語ができない」というのは子どもたちにとって重いことなのでしょう。

少し古いものですが、２０００年5月5日にフジテレビ系で放送された『小さな留学生』というドキュメンタリー番組がありました。父親が日本で就職したことをきっかけに日本の公立小学校に編入することになった小学校2年生の女の子の生活を追ったものでした。まったく日本語が話せない子どもの日本の学校初日の様子が大変印象的です。大きな目を丸くしている少女に、周囲の子どもたちは一生懸命話しかけます。隣の男の子は国語の時間に音読でどこを読んでいるのか、教科書を指で追いながら示してくれます。先生の質問にクラスの子どもたちが一斉に挙手するとその手の間から女の子の顔がみえ、「中国にいた時、先生の質問に手をあげなかったことはありませんでした」というナレーションが入りました。この子どもは母国では大変優秀な子で、空港から家へ向かう電車の中でも両親に対し「(日本語ができないことについて)心配はない。勉強で絶対に勝ってやる」といった発言をしていました。その子が、ことばが通じない環境におかれ、周囲をぐるりと日本人の子どもに囲まれる中で、大きな目から涙を流すシーンがあります。周囲の日本人の子どもたちは、決して悪意を持っているわけではありませんが、まったくわからないことばで話しかけられ続ける恐怖や不安、やりたいことができない悔しさが、映像からよく伝わってきます。

外国からの編入生の受け入れにあたっては「『温かく』迎えましょう」というのが合いことばのようになっています。しかし、何が「温かい」のかは慎重に判断する必要があります。すべての子どもたちに一律に同じ方法が通じるとも限りません。例えば、前章のユキやメイの事例で触れられていたように、教室移動その他の生活面のサポートをするお世話係を決めて外国人の子どもが一人にならないようにするというのは比較的よくある方法です。日本の学校を知らない子どもにとってこのお世話係の存在は大きいのですが、何しろことばが通じませんので、無言で腕を引っ張ったり後ろから肩をたたいたりすることで外国人の子どもが恐怖を感じてしまうこともあります。学校生活の利便性という点ではなく、精神的な面では「お世話係がいなければ自分は何もできない」という思いから自己肯定感の低下を招くこともあります。国で優秀であった子どもは特に世話をされる立場になることで傷つくそうです。また、外国からの編入生に「こんにちは。●●です。××から来ました」という自己紹介をおぼえさせ、朝の会などで言わせるというのもよくみる光景です。もちろん、自己紹介をさせ「すごいね。日本語がんばっているね。みんなで助けてあげようね」というところにもっていくことを目指しているのでしょうが、積極的かつ前向きな子どもはともかく、一般には母語話者の前で習いたてのことばを話すのはかなりのストレスです。

事例のA君、B君の様子から、日本語を話すには物理的にも精神的にも一定の時間が必要であること、「伝えたい」という気持ちを持つことが大切であることがわかります。来日直後のストレスの多い時間を支えながら、子どもたちのこころが動いた結果発せられた日本語学習者のことばを、その文法や発音ではなくメッセージを重視して受け止められるような教室を作りたいものです。

2 日本語を学ぶということ

「日本語指導が必要な」子どもたちへの指導は、一般に、在籍学級から取り出して別教室で行なわれます。日本語母語話者に囲まれて日本語で生活する在籍学級での時間に比べると、多くの子どもたちにとってこの取り出し教室はこころ休まる場になっています。

光村図書3年の国語に、「わたしたちの学校じまん」という教材があります。班で一つずつ「学校の自慢できるところ」を探し、「どのように理由を話せば自慢したいもののよさが相手につたわるかを考えて、組み立てや話し方を工夫」して発表しあうという単元です。[2] ある小学校の日本語教室で行なわれたこの授業の「発表」の部分を映像でみせてもらいました。そこには「私たちの学校の自慢は日本語教室があることです」と言い、取り出し教室で行なうさまざまな学習について、まさに自慢げに話す子どもたちの姿がありました。先生が作った教科書[3]で国語を学んでいること、ポルトガル語の勉強もしていること、漢字が上手になりたいから宿題をがんばっていることなどが伝えられました。この子どもたちは取り出し指導を受けることをとても喜んでいるように感じられました。同じような立場・思いの仲間と一緒に、自分たちに合わせた授業をしてもらえることで、「学習している」という実感が得られるからではないでしょうか。取り出し指導を担当したことのある指導者の多くが、取り出しでは明るく元気な子どもが在籍学級の授業中は化石のように無表情であることにショックを受けたり、取り出し教室をみに来た担任に「あの子がこんなに話せるとは知りませんでした」と言われたりした経験をもっています。取り出し指導を受ける日本語教室は子どもたちにとって「日本語がわからなくても笑われない」「うまく説明できなくても言い方を教えてもらえるから大丈夫」とこころから感じられる、安心して学習に取り組める場であり、学校

郵便はがき

料金受取人払郵便

神田局
承認

2420

差出有効期間
2025年10月
31日まで

切手を貼らずに
お出し下さい。

101-8796

537

【受　取　人】

東京都千代田区外神田6-9-5

株式会社 **明石書店** 読者通信係 行

お買い上げ、ありがとうございました。
今後の出版物の参考といたしたく、ご記入、ご投函いただければ幸いに存じます。

ふりがな お名前	年齢	性別

ご住所　〒　　　-

TEL　　　(　　　)　　　FAX　　　(　　　)

メールアドレス	ご職業（または学校名）

＊図書目録のご希望 □ある □ない	＊ジャンル別などのご案内（不定期）のご希望 □ある：ジャンル（　　　　　　　　） □ない

書籍のタイトル

◆本書を何でお知りになりましたか？
□新聞・雑誌の広告…掲載紙誌名[ ]
□書評・紹介記事……掲載紙誌名[ ]
□店頭で □知人のすすめ □弊社からの案内 □弊社ホームページ
□ネット書店 [ ] □その他[ ]

◆本書についてのご意見・ご感想
■定　　価 □安い（満足） □ほどほど □高い（不満）
■カバーデザイン □良い □ふつう □悪い・ふさわしくない
■内　　容 □良い □ふつう □期待はずれ
■その他お気づきの点、ご質問、ご感想など、ご自由にお書き下さい。

◆本書をお買い上げの書店
[市・区・町・村 書店 店]

◆今後どのような書籍をお望みですか？
今関心をお持ちのテーマ・人・ジャンル、また翻訳希望の本など、何でもお書き下さい。

◆ご購読紙 (1)朝日 (2)読売 (3)毎日 (4)日経 (5)その他[新聞]
◆定期ご購読の雑誌 [ ]

ご協力ありがとうございました。

ご意見などを弊社ホームページなどでご紹介させていただくことがあります。 □諾 □否

◆ご 注 文 書◆ このハガキで弊社刊行物をご注文いただけます。
□ご指定の書店でお受取り……下欄に書店名と所在地域、わかれば電話番号をご記入下さい。
□代金引換郵便にてお受取り…送料+手数料として500円かかります（表記ご住所宛のみ）。

書名	冊
書名	冊

ご指定の書店・支店名

書店の所在地域
都・道 府・県 市・区 町・村

書店の電話番号 （ ）

生活の不安やストレスなどを吐露できる場になっています。

それでも取り出し教室を自慢していた先ほどの子どもたちは「来年の目標」に「日本語教室を卒業する」と書いていました。日本語教室は「大好きな場所」であると同時に、「日本語ができない自分が日本語を勉強するために来る場所」と認識しているからだと思います。この「日本語ができない子が来るところ」という認識は、取り出されることで「教室で学ぶには日本語が不十分」つまり、「普通の勉強はできない子」と周囲の友だちにみられるのではないかという不安につながります。このため、特に生活言語能力をある程度身につけ、休み時間の日常会話にほとんど支障がなくなると「もう取り出しは必要ない」と言ってくる子どもは少なくありません。取り出し教室の方が楽しいけれど、いつまでも「日本語ができない子」とみられたくないというのが子どもたちの本音なのでしょう。

学校の授業時間内に日本語を学ぶということについては、保護者の理解を得ることが必要です。保護者は子どもたちが取り出し教室で日本人とは違う指導を受けることをどう思っているのか、日本語教室担当の先生から聞いた話を整理してみます。学校としては子どものためによかれと思って取り出しを提案しても、指導を受けさせたくないという保護者は案外多くいます。取り出しの日本語教室の意義が保護者に理解されていないことがその大きな理由だと考えられます。取り出しを望まない保護者の多くが、「子どもは学校で日本語に触れていればすぐにおぼえるはず。教科学習の時間を犠牲にする必要はない」という意見だったそうです。子どもたちのような「母語でない言語で学習した経験」を持つ保護者は少ないので、日本語で学ぶ力を身につけるのにどれほどの時間がかかり、その間どれほど苦しいかを理解するのは難しいのでしょう。また「取り出し教室＝勉強ができない子どもを集めて遊ばせておくところ」といった誤った認識の保護者もいるとのことでした。先輩保護者から取り出し指導を受けない方がいいとアドバイスされたという話を聞いたある先生は、保護者に取り出し指導の様子をみてもらえるよう教室を公開し、子どもたちがどんな勉強をしているのか、それは何のためかを丁寧に説明し続けました。その結果、保護者との関係も築かれ学校行事などにも積極的に関わってくれるようになり、他の保護者に「A小学校には日本語教室があるよ。そこで教えてもらうといいよ」と勧めてくれるようにもなったそうです。一日も早く日本人と同じように学んでほしいという保護者の気持ちは想像できます。ただそのために何が必要かという点については学校側からしっかりと情報を提供する必要があります。子どもたちの学びの場が用意されてあるにもかかわらず情報不足、理解不足でそれが活用されないのは残念なことです。

3　日本語で学ぶということ——教科学習を支える

以前出会った子どもは、日本語以外の教科の学習を「本当のお勉強」と呼び、「早く本当の勉強がしたい」と言っていました。高校でいわゆる「外国人特別入試」を経て入学したグループに日本語と社会科を教えていた時も、本来かれらの日本語力からすると難しいはずの社会科の授業の方が学習意欲を感じました。生徒たちには学校で学ぶべきは教科という認識があるようです。まだ日本語力が十分でないために教科学習に参加できず、その結果としてテストの点数が悪いことを、「日本にきてバカになった」と表現したフィリピンの女の子もいました。周囲の大人たちは「日本語がわからないのだから仕方がない」と言いますが、母国で学校生活を経験していれば、子どもたちは授業についていけない自分がどのようにみられているか、よくわかっています。「日本語さえできるようになれば」と発奮して日本語学習にまい進する子どもたちばかりではありません。むしろ多くの子どもが、「わからないのは日本語」ではなく「自分は勉強ができない／勉強ができない子になった」と認識し、「どうせ無理」と学習意欲を失ってしまいます。自分の母語ではない日本語で学ばなければならないという状況に由来する「学習性無力感」といえます。[4]こうした負のスパイラルに陥らないように子どもたちを支えていくことが必要です。

学校の中で多くの時間を占めるのが教科学習です。そこでは知識を獲得するだけではなく他の子どもと共同して課題を遂行したり、自分で課題を設定して調べ、それを聞き手にわかりやすく伝える方法を考えたりといった、子どもたちが将来社会の中で生きていくために必要な力も育てています。国内の学校ではそれが「日本語」を通して行なわれているため、日本語を母語としない子は学習活動に参加できる日本語の力を育てることが必要なのです。しかしこの30年、その難しさが子どもたちへの日本語教育の課題とされてきました。

子どもたちはなぜ教科学習にうまく参加できないのでしょうか。第二言語の習得という点から「教科学習場面で必要とされる学習言語能力の獲得には時間がかかるため」と説明することはできます。ただし、教科学習に参加するために必要なのは「日本語」だけではありません。「日本語での学習言語能力」を獲得するには、母語での学習経験や母語の獲得の状況が大きく影響します。さらに、日本の学校特有の、あるいは地域に特有の日本語の表現や、教科ごとに特徴のある日本語、語彙といったものも習得に時間がかかるでしょう。それ以外にも日本の学習スタイルに慣れていないこと、日本の学校で学んできた子どもたちのような「学習指導要領に基づく学習内容の積みあげ」がなされていないことも学習に参加できない要因となります。日本の文化を知らないことや、日本の社会での生活経験が少ないところから教科書などで前提とされている「日本の常識」が共有できていないことも学習参加への壁となって立ちはだかっています。つまり単にことばができるようになればいいのか、正しい日本語を学べば学習に参加できるのかというとそうではなく、ことば以外の側面での支援を受けながら日本の学校という場・教室での学習を体験し、そこで使われる日本語を身につけていくことが必要になります。こうした課題に対し、学習の文脈からことばを切り離さず日本語と教科を統合して指導することで教科学習に参加する力を育成しようとして開発されたのがＪＳＬカリキュラムです（8章参照）。

日本語で学んでいくための指導は取り出しで行なわれますが、その成否は在籍学級の授業に子どもたちが参加できたかどうかで判断されます。子どもたち自身が学習に参加できたと感じられ、取り出し教室での勉強が役に立っていると実感できるためには、取り出し指導の担当者と教室での授業担当者の連携が不可欠です。子どもたちのできないことだけでなく、できることを在籍学級での授業者に伝え、それを活かすことで子どもたちの学習意欲につなげていくことができるでしょう。また、Ａ君の例では、具体物の存在と操作活動が理科の授業への参加を後押ししていました。実際に手元にモノがあったことで「帆」「車」「タイヤ」などの単語を使うことなく「これ」で済ませることができたことも日本語を使う心理的ハードルを下げていたと考えられます。もちろん小学校低学年の実験を伴う学習活動だから可能だったという点は否めません。しかし、日本語が十分でない子どもたちが学習活動に参加する時には「活動の目的を明確にする＝子どもがことばが使われる文脈を理解している」「表現する際の負荷を下げる工夫がなされている」ことが助けになるとみることはできます。こうした学習活動の時には、早い段階から在籍学級で授業を受けさせるなどの柔軟な対応もかれらの教室で学ぶ力を育てることにつながるでしょう。たとえ日本語の力が十分でなくとも、子どもたちは授業が行なわれる教室にいることで、その授業の中でどのようなことばが使われているか、どのような態度が期待されているか、どのような活動が行なわれているかということを観察することができます。近年、子どもたち同士の活動ややりとりが重視されていますが、個別指導になりがちな取り出し指導の中で子ども同士のやりとりの体験をさせることは困難です。在籍学級でそうした場面を経験することも、日本の学校の授業のスタイルを知るという点ではとても重要です。

日本語学習の場としては取り出しの日本語教室のみが取りあげられがちですが、在籍学級は子どもたちにとって学習意欲の源泉であると思います。クラスの友だちともっとたくさん話がしたい、一緒に勉強できるようになりたいという思いが取り出しでの学習を支えます。同様に在籍学級で自分の日本語の不十分さを突き付けられることもまた日本語学習を進めるための一歩になることがあります。日本語支援をしていた海外から帰国した女子生徒は漢字がとても苦手でしたが、論理的思考力や社会問題に関する知識関心が高く、シンプルな日本語ではありましたが意見文や感想文などでうまく自分を表現することができていました。先生方もその「内容」を高く評価し、他の生徒のものと並べて掲示したり印刷して全員に配布したりしていました。私は支援の時間には支援者がいなければできないことをしようと思っていましたので、基本的には漢字の学習は家庭に任せていました。自分の作文が教室に貼り出されたのをみた彼女は最初とても喜んでいましたが、その後で「友だちのものと比べると自分の作文はひらがなばかりで恥ずかしい。もっと漢字が書けるようになりたい」と言い出しました。在籍学級の日本人生徒と今の自分の日本語力の差を認識することで、学習意欲をなくす子と、それをきっかけにがんばり始める子どももいます。子どもの気持ちはさまざまですが、その子にとってのベストなアプローチを考え、その子に寄り添った指導をするのが先生の役割であり、先生方の最も得意とするところではないでしょうか。

4　子どもたちにとっての日本語とは

ことばは本来人と人をつなぐためのツールです。しかし、日本語が教授言語である学校で学ぶ「日本語指導が必要な」子どもたちにとっては、日本語が日本人と自分を分ける目印になってしまうことがあります。取り出し指導を受けるのは恥ずかしい、日本語での学習に十分に参加できない自分は能力が低いと思い込んでいる子どもたちをたくさんみてきました。指導者側も本人も、保護者もクラスメイトも、その子自身が日本人のような日本語力を獲得すればすべて解決する、かれらが努力してそれを身につけるべきであるという視点を転換する必要があります。

子どもたちに習得が期待されることばの力は成人の学習者に求められるものに比べ格段に高いのではないかと思います。子どもたちは外国語母語話者への配慮など期待できない日本語母語話者集団（特に年少の子どもたちは）を相手に、おぼえたての日本語を使わなければなりません。教科学習の時にはその文脈に沿った日本語を、休み時間にはその場にふさわしい日本語を選択して使用することが求められます。「3　日本語で学ぶということ」では教科学習を取りあげましたが、子どもたちにとっては同年代の年齢集団の生活場面で人間関係を作っていくためのことばの力も必要です。放課後、サッカーに誘うには「今日の放課後、ヒマ？　サッカーしようよ」と言えることが重要で、いくら文法的に正しくても「今日の放課後、一緒にサッカーをしませんか」では、「変な日本語を話すやつ」と思われてしまうのが子どもの社会です。こうしたことは取り出し教室で「こういう時にはこういう言い方をします」と説明しても使えるようにはなりません。子ども同士のやりとりを経験し、場合によっては相手に怪訝な顔をされてはじめて学んでいきます。ですから教えるだけでなく子どもたちが獲得するのを待つ、獲得しやすいように環境を整えるということが必要になるでしょう。教科学習も休み時間のおしゃべりも含めて子どもたちの言語生活を把握しておくことが子どもたちのことばの習得を支えることになるのではないでしょうか。日々子どもたちと接し子どもたちのリアルな言語生活を知っている先生こそ、子どもたちが必要とすることばを指導し、その使用を支えていくことができるのではないかと思います。

注

（1）中島和子（2016）『完全改訂版　バイリンガル教育の方法　12歳までに親と教師ができること』アルク

（2）光村図書『国語三下　あおぞら』116～120頁

（3）これは子どもたちの日本語力に合わせて原文を書き直したリライト教材です。単に「子どもに理解できるように日本語のレベルを下げる（＝わかりやすい日本語にする）」のではなく、その学習を通して子どもたちに何を学ばせたいのかを考え書き換えたものです。詳しくは以下の本を参照してください。光元聰江・岡本淑明（2012）『外国人・特別支援児童生徒を教えるためのリライト教材』フクロウ出版

（4）「学習性無力感」とその問題性については、今井むつみ他（2022）『算数文章題が解けない子どもたち――ことば・思考の力と学力不振』岩波書店、2章・6章を参照してください。

5章 学校における日本語教育はどのように進められているか

1 学校の日本語指導

日本の公立学校の中で、日本語教育はどのように進められているのでしょうか。まずは、その現状についてみていくことにします。なお、ここからは、学校内で一般に使用される「日本語指導」という用語を使っていきます。

現在、日本の公立学校では外国籍の保護者が希望すればその子どもたちを受け入れることになっています。子どもの日本語力を問わず、というのが大前提です。この点について大学生と話をしていると、「日本語ができないのに日本の学校に入れるのはかわいそうだと思う」という反応がかえってくることが案外多いのです。学生たちの楽しい思い出にある学校生活を「日本語」という共通言語なしで送ることは想像できないと思うのでしょう。

では日本語がまったくできない子どもを受け入れる準備が、すべての公立学校で整っているかといえば決してそうではありません。２０２１年度の文科省調査[1]では、日本語指導が必要だと学校が判断した子どものうち１割弱が、何の支援も受けていません。指導が必要だという認識はしているのですから「支援をしなくてよい」と考えているわけではなく、人材やノウハウの不足など「したくてもできない」状況にあることが想像されます。指導の対象となる子どもたちの数や受け入れてきた歴史により、日本語指導が必要な子どもたちへの教育の取り組みは学校や自治体ごとに異なっているのが現状です。

2　授業時間内に行なわれる日本語指導の現状

（1）日本語指導が必要な子どもへの指導の体制

授業時間内に行なわれる支援は、教育委員会が主体となって動いているものと、各学校が行なっているものがあります。教育委員会では、日本語指導の拠点を作って複数の学校に在籍する指導が必要な子どもを集めて指導を行なったり、指導が必要な子どものもとに指導者を派遣する形で指導の場を確保したりしています。前者には一定期間定期的かつ継続的（「毎週水曜日の午後」など）に教室に通い日本語などの指導を受けるものや、来日直後の子どもを集めて初期日本語指導を集中的（期間はさまざまです）に行なうものなどがあります。在籍校以外に通う場合、特に小学校低学年では送迎は保護者の責任とされているケースが多く、せっかく日本語指導の制度があっても送迎ができないため子どもを通わせることができないという問題が各地でおきています。こうした状況に対応するために、拠点施設への通級と指導者派遣を併用する形をとる地域もあります。

日本語指導が必要な子どもが一定数以上在籍している学校には、日本語指導を担当するための先生の数が加算されます。文科省は２０１７年度から10年かけて、日本語指導が必要な子ども18人に対して先生の数を「プラス１」とする体制を整えようとしています。[2] また、自治体が日本語指導が必要な子どもたちが多く在籍する学校に日本語指導担当者を配置する「加配措置」を行なっているところもあります（加配に必要な子どもの数などの条件は自治体によってさまざまです）。こうして配置された担当者を中心に、指導計画が立てられ日本語指導が行なわれますが、対象となる子どもの数が少ない学校や地域では先生の配置ができず、教育委員会が登録制で支援者を募って必要に応じて派遣したり、地域の日本語支援を行なう団体（国際交流協会やＮＰＯ、大学など）に依頼したりしているのが現状です。

（2）日本語指導のプログラム概要

文科省は2010年に「外国人児童生徒受入れの手引（以下「受入れの手引」）[3]」を作成しました（2019年改訂）。外国人の子どもの現状や受け入れにあたっての考え方とともに、立場（学校管理職・日本語指導担当教員・在籍学級担任・都道府県教育委員会・市町村教育委員会）ごとに期待される役割が端的にまとめられています。

ここでは、まずこの「受入れの手引」の「日本語指導担当教師の役割」をもとに学校でどのような日本語指導が期待されているのかを紹介します[4]。授業時間内に行なわれる日本語指導には、指導者が対象の子どもの在籍学級に入って行なうもの（「入り込み」と呼ばれます）と、別教室で指導をするもの（「取り出し」「抽出」と呼ばれます）があります。入り込みでは指導者が対象の子どものそばにつき、学級で行なわれている活動に参加できるよう母語ややさしい日本語を使ってサポートします。取り出しでは日本語だけでなく、子どもの精神面のケアや学校生活に関わる情報提供など、子どもの実態に合わせた多様な内容が扱われます。取り出しの日本語教室[5]で行なわれる主な日本語指導のプログラムとして、「受入れの手引」では次の五つをあげています。それぞれの内容を簡単に紹介します。なお、「受入れの手引」では基本的な指導内容や指導方法をプログラムと呼んでいます。

①サバイバル日本語

来日直後の子どもが日本の学校生活や社会生活について必要な知識を得、日々の生活で直面する困難な場面で日本語を使って行動する力をつけることを目的とします。挨拶や具体的な場面で使う日本語表現を学ぶことが中心で、正確さより「意図が伝わるかどうか」を重視します。

②日本語基礎

文字や文型など日本語の基礎的な知識や技能を学びます。語学の勉強としてイメージしやすい内容ですが、日本語のルールを知識として獲得するだけでなく、自分で使えるようにする必要があります。

③技能別日本語

「聞く」「話す」「読む」「書く」という四つの技能のうち、どれか一つに焦点を絞って学習することです。小学校高学年以上の年齢では重要かつ有効なプログラムですが、それ以下の子どもたちには日本語基礎や教科との統合学習の中でこれらの技能を高めていくことが期待されます。

④日本語と教科の統合学習

日本語で教科を学ぶための力を育てるもので、日本語指導から在籍学級での授業への橋渡しとなるものです。この統合学習を行なうために文科省が開発したものが「JSLカリキュラム」です。

⑤教科の補習

在籍学級で学習している教科内容の理解を確認したり、復習したりします。母語がしっかりしている子どもには、母語による支援も有効です。

大人への日本語教育では、少なくとも一つの言語で社会生活を営むことができる人が新たに日本語を学ぶことを想定しています。ですから、学習者の母語でなら買い物をしたり、必要な情報を得たりすることができる人に「日本語ではどう言うか」「日本社会ではどうするか」を伝えていくことが指導者の役割です。先のプログラムでは②③を中心とするイメージです。一方、子どもたちは社会人として自立していくためのさまざまな経験を積んでいく過程にあり、日本の学校教育ではそれが日本語を媒介として行なわれています。「学校」「教室」といった場で行なわれる活動に参加することが子どもたちの成長発達に大変重要なことは明らかです。このため子どもたちへの日本語指導はその成長発達を支えるもの、知識ではなくツールの獲得を目指すものと捉える必要があります。また、「年少者」とひとくくりにいっても実際には小学校1年生と中学校3年生では知識経験や興味関心、周囲の子どもたちとの関係の作り方が違います。必然的に日本語教室で扱う内容や活動、指導の方法も異なってきます。個々の子どもの状況に応じた指導を行なうには、日本語教育の専門性を持つ日本語教師の視点と子どもの実態を把握しその子の成長発達に必要なものは何かを見極める学校の先生の視点の両方が必要となります。

（3）日本語指導を担当する人々

学校で子どもたちに日本語を教えるには、どのような資格が必要でしょうか。公教育の課程を指導するには「教育職員免許状（いわゆる教員免許）」が必要です。小学校は全教科共通の免許ですが、中高は教科ごとになっています。そして、「日本語」という教科がないため「教育職員免許状（日本語）」という教員免許はありません。一方、外国語として日本語を指導する専門家としては、「登録日本語教員」という国家資格が新しくできました。2023年に「日本語教育機関認定法」が国会で成立し、2024年4月から新たにこの制度がスタートします。しかし、先に述べたように、子どもたちへの日本語指導は大人へのそれとは異なる配慮が必要ですが、「登録日本語教員」として認定されるにあたり子どもへの教育についてどの程度の知識経験が求められるかはまだ不透明です[6]。

では実際にどのような人々が学校で日本語指導に関わっているかをみていきましょう。まず、「教員」という立場で指導にあたる人たちがいます。「日本語」という教員免許はありませんので、教員免許を持っている正式な先生であれば誰でも日本語指導をすることができます。ただし、教員養成の課程で日本語教育を学ぶことはまれですから、担当となった先生は「担当になったその時はじめて」日本語指導について学び始めるということになります。昨今、「教員不足」ということが指摘されています。日本語指導の現場には定年退職後に講師として指導している人（再任用・再雇用）や教員免許取得後教員採用試験合格前に教育委員会に登録して「講師」として働く人が増えています。いずれも、日本語指導の経験はないというケースが多いのは現職教員と同様です。一方で、「特別の教育課程」による日本語指導で「主たる指導者は教員免許保持者」とされているためか、教員免許と日本語教師資格の両方を持っている人を日本語指導担当の教員として採用したり、日本語教育の専門性を持つ人に臨時免許や特別免許を授与して「教員」として日本語指導を行なうことを目指す自治体も出てきました。

子どもたちへの日本語指導では「教員」以外の立場で関わる人もたくさんいます。ここでは「支援者」と呼ぶことにします。支援者について、どのようなルートで学校に入ることになったか、どのような指導をするかという2点からみてみましょう。

学校に至るルートとして最も多いのは、教育委員会を通じたものでしょう。２０２１年度の「日本語指導が必要な児童生徒の受入状況等に関する調査」でも、自治体の施策として「支援者の派遣」が多く行なわれていることがわかります。教育委員会が直接雇用する形をはじめ、教育委員会にあらかじめ登録している支援者を必要に応じて学校に派遣する形、また、教育委員会が地域の団体（国際交流協会、ＮＰＯなど）に委託する形で団体から学校へ支援者を派遣するものなどが一般的です。「教育委員会からの派遣」という形は同じですが、日本語教育に関する資格が求められるか、有償か無償か、指導について教育委員会からの指示や支援が得られるのかなどは地域によって大きく異なるのが実情です。

学校が独自で支援者を探すこともあります。支援者を探せば謝金だけは教育委員会が出してくれることになっている、という地域もありますし、その学校に子どもを通わせる保護者が日本語指導を必要とする子どもの存在を知ってボランティアを買って出るなどのケースもあります。「自分で探せと言われても、どこに相談したらよいか見当もつかない」という担当の先生や校長先生の声をよく聞きます。国際交流協会や成人のための日本語教室、近くの外国人コミュニティや大学など地域のリソースはありませんか、相談してみてはいかがですか、とお伝えしています。

どのような指導をするかについては、大きく、日本語を指導するために学校に入る人と子どもたちの母語を使ったさまざまな支援の一環として日本語指導も担当する人の二つのグループがあります。先述の通り日本語指導のために派遣される支援者に、日本語指導の専門性をどの程度求めるかは自治体によって異なります。日本語教師としての有資格者で教員免許も持っている人が立場としては「ボランティア」として指導していることもあれば、「日本人なんだから日本語なら教えられる」と手をあげてくれる人もいます。多くの場合、子どもと一対一で指導をするので他の人の指導の様子を目にする機会がないうえ、学校現場からは「教育委員会が派遣してきた専門家」とみられすべて任されてしまうので不安に感じる人も多いようです。教育委員会や交流協会などの派遣元で相談にのったり研修会などを開いたりできればよいのですが、なかなか難しいと聞いています。

日本語指導を目的として派遣される人々は、専門性の有無にかかわらず支援に関わる段階でその内容が「子どもたちに日本語を教えること」であることを認識しています。しかし、母語での支援を主たる業務とする支援者として雇用・登録した人たちは必ずしもそうではありません。地域によって名称は異なりますが、ここではこのような「子どもの母語を使って支援する人」を「母語支援者」と呼ぶことにします。子どもたちの母語を使って支援をするので、多くの「非日本語母語話者」である母語支援者が全国で活躍しています。その多くが日本語を学習した経験を持ち、中にはかつて「日本語指導が必要な児童生徒」として支援を受けてきた人たちもいます。母語支援者に期待される仕事には以下のようなものがあります。

●来日したばかりの子どもたちの学校への適応をサポートする。
●母語を使って子どもたちのこころのケアを行なう。
●生活場面や学習場面で教員のことばを通訳する。
●学校文書などの翻訳をする。
●保護者会などで通訳をする。
●外国人保護者と学校・担任との橋渡しをする（通訳だけでなく、文化や習慣の違いを双方に説明して誤解を解く、なども期待されます）。
●母語を使って基礎的な日本語を指導する。
●母語を使って教科内容を指導する。

最後の二つは、日本語指導のプログラムの「①サバイバル」「⑤教科の補習」にあたります。しかし実際には作文や定期試験に向けた補習などの手助けを求められることも多く、「困っている同郷の子どもたちを助けたいと思って参加したが、日本語の作文や数学の指導はできない」「語学力が活かせると思って登録したけれど日本語を教えるとは思わなかった」と困惑する声をよく聞きます。京都府国際交流センターのリーフレット「母語支援員を受け入れる学校関係者の方へ」では、「依頼内容についての考え方」の中で「母語を使った指導

と指導補助の区別」として、次のように書かれています。(7)

子どもへの指導は、経験や専門知識がないと難しい場合があり、教科指導や日本語指導は、母語支援員全員ができるとは限りません。算数でも国によって計算の仕方や式の立て方が異なる場合もあります。子どもへの指導は担当の先生が責任を持って受け持ち、支援員は「指導」を母語によりサポートする立場だということを認識しましょう。

母語支援者の業務の範囲は自治体によって異なります。しかし、「母語でなければ伝えられない」という思いから業務をこえた過度の依頼をする／受けることが常態化しているケースがみられます。「母語を活用した支援」の一環としての日本語や教科の指導で、支援者にどこまで依頼してよいのかを明確にしておくことは学校にとっても支援者にとっても重要なことだと思います。

(4)「日本語指導担当教員」の役割

文科省の「受入れの手引」では「日本語指導担当教員」の役割として次の4点があげられ

ています。(8)

（1）児童生徒への教育活動：指導・支援、「居場所」を広げるための支援
（2）校内の連携・共通理解：学級担任との連携、他の教職員等との情報共有、学校における外国人児童生徒等教育の位置づけ
（3）家庭との連携・共通理解：外国人児童生徒等の保護者への連絡、学校と日本人保護者との関係づくり
（4）外部機関・地域との連携・共通理解：教育委員会の担当者などとの連絡、学校間の連携・協力、地域との関係づくり

日本語指導は大変重要なことですが、期待される役割全体のごく一部にすぎません。学校内外をつなぐ調整役となる担当者の仕事は多岐にわたります。しかし多くの場合、一人しかいない担当者が相談する相手もなくこれらの業務を単独で担わざるをえない状況におかれています。先に述べたように、外国にルーツのある子どもの教育に関する情報がないまま担当となった先生たちの不安とご苦労は想像に難くありません。

3 子どもの日本語教育の充実に向けて

日本語の力が十分ではない子どもたちにとって、取り出しという場でその子の能力に応じた個別の支援を受けることはとても重要です。ただし、そこで子どもたちが学んでいくためには「取り出し指導の意義」を子ども自身が感じなければなりません。子どもにとっての意義というのは、取り出しで指導を受けたことで日本語が通じた、勉強に参加できたと実感できることです。単語をいくつおぼえた、日本語テキストのどこまで進んだという話ではなく、在籍学級で学んだことが使えたという実感がないと、子どもたちの取り出し指導への意欲というものを高めていくことはできません。

取り出し指導の場で育むことばの力というのは日本語で行われる活動に参加ができるようになる力です。日本語指導の研修会などでよく「子どもへの日本語指導は辞書的・知識注入型ではない。使える日本語にすることだ」といわれるのはこのためです。取り出しが日本語を学ぶ場であるとしたら、在籍学級はそれを試す場です。取り出し指導の評価は在籍学級での子どもの様子に基づいてなされるべきでしょう。ただしそれは日本語面だけでなく、対象の子どもの持てる力や性格、在籍学級の雰囲気や担任の指導力とも密接に関わっていることは押さえておく必要があります。

4 地域で子どもを支える仕組み

これまでは学校での日本語指導を中心にみてきましたが、学校外での支援も当然必要です。子どもの日本語教育を進めるには、地域の日本語教室の役割が大きいことはいうまでもありません。「日本語教育推進法」も施行され、地域の日本語教室などの取り組みも盛んになってきています。全国規模での実態は把握できませんが、各自治体や国際交流協会などの調査から大きく、①自治体が主催する日本語教室、②国際交流協会が主催する日本語教室、③NPOが主催する日本語教室、そして④ボランティア団体が主催する日本語教室などに分類できるように思います。この他、日本語学校などでも子どもを対象にした教室を開いているところもあります。このうち最も多いのはボランティア団体が主催する日本語教室です。愛知県の子ども向け日本語教室を運営している73教室を対象にした調査では民間のボランティア団体主催が38・4％、NPO主催が24・7％、国際交流協会主催が21・9％などとなっています。[9] 全国的にもボランティア団体が主催する日本語教室の割合が高いように思います。

子どもたちにとり、こうした日本語教室はどのような意味を持っているでしょうか。各地の日本語教室の取り組みからみえてくることは、当然、日本語学習の重要な場であることはいうまでもありません。しかし、それにとどまらず子どもたちの居場所になっていますし、また、異文化適応を促す場にもなっています。外国から直接日本の学校に入ってきた子どもは、日本の生活や生活習慣の違いに戸惑うことが多くあります。掃除、給食、上履き、体育着などの生活上の違い、ノートの取り方、発言の仕方、勉強のやり方など学習面の違い、学校生活を送るうえでの集団の規範・ルールや友だちとの関係の取り方など枚挙にいとまがありません。地域日本語教室はそうした違いを丁寧に説明したり、相談したりする場にもなっています。

地域の日本語教室の活動も多様です。放課後学校で、子どもたちの「音読」の宿題を聞いてくれるグループもありますし、公民館などで日本語や教科学習の支援をしているところもあります。また、夏休み中に日本語の教室を開いて自由研究など宿題の手伝いをしたり、日本語を学習している子どもたちを集めて仲間づくりなどの活動をしている団体もあります。ここでは学校との接続を意識した活動を行なっている事例を紹介します。学校と連携し子どもの日本語教育を自治体からの委託を受けて実施しているNPO法人「多文化共生センター東京」の取り組みです。[10] このNPOは荒川区と協働で「日本語適応指導事業」を行なっています。対象は、「区立小学校・中学校・幼稚園・こども園に在籍する日本語指導が必要な児童・生徒・園児」で、その目的は「日本語初期指導を行ない、学校生活や社会生活にスムーズに適応できるよう支援する」ことです。また、継続して指導が必要な小学校5、6年生と中学生を対象に補充学習教室を実施しています。特に初期指導は生徒は3ヶ月間、1日3時間、週4回在籍校から実際に指導を行なう「教育センター」に移動し、日本語を勉強し、その後、「教育センター」から在籍校に戻り、給食を食べ、午後の授業を受けるというように体系的なものです。補充学習指導は在籍校で1日過ごし、いったん下校し5時頃、家から「教育センター」に移動し、日本語を勉強することになります。1日2時間、週3回で3ヶ月、合計72時間授業を受けることになります。こうした取り組みは子どもの初期指導に大いに貢献するものですし、同じ国の子どもと会えるということで居場所にもなっています。初期指導だけでは、学校生活や授業に十分な日本語力をつけることは難しい面がありますが、地域での取り組みが子どもたちに重要な学びの場を提供していることは間違いありません。また、こうした地域の団体・組織は、直接、子どもや保護者と接触することが多いため、多くの情報を持っており、学校と連携することで大きな力になります。

ただ、地域の日本語教室は「支援する側対支援される側」という固定した関係性のもとで行なわれる危険性があることもまた事実です。ですから、そこで行なっている取り組みを当事者の視点から問い直すことは必要ですし、そのために当事者自身がそうした取り組みに参加できるようにしていくことも有効でしょう。地域の取り組みは、活動のための財源が乏しいこと、活動場所が固定しないこと、ボランティアへの依存が大きいこと、人材の高齢化が進んでいることなど課題も多くなっています。外国にルーツのある子どもの教育ではこうした地域の支援団体の力が大きいため、財政支援や人材養成など積極的な支援策を講じていくことが課題といえます。

注

（1）文部科学省（2022）「日本語指導が必要な児童生徒の受入状況等に関する調査結果について」https://www.mext.go.jp/content/20230113-mxt_kyokoku-000007294_2.pdf（2023年10月30日アクセス）

（2）2017年3月「公立義務教育諸学校の学級編制及び教職員定数の標準に関する法律」改正による。

（3）文部科学省（2019）『外国人児童生徒受入れの手引（改訂版）』https://www.mext.go.jp/a_menu/shotou/clarinet/002/1304668.htm（2023年10月30日アクセス）

（4）前掲：文部科学省（2019）22～38頁

（5）日本語指導のための教室の名称はさまざまです。ここでは日本語指導を中心に、言語文化背景の異なる子どもの支援のために設置された教室を「日本語教室」と呼ぶことにします。

（6）登録日本語教員については以下を参照してください。https://www.bunka.go.jp/seisaku/kokugo_nihongo/kyoiku/「日本語教育の適正かつ確実な実施を図るための日本語教育機関の認定等に関する法律について」（2023年10月30日アクセス）

（7）京都府国際交流センター「母語支援員を受け入れる学校関係者の方へ」https://www.kpic.or.jp/kodomo/siryou/bogosien.html（2023年10月30日アクセス）

（8）前掲：文部科学省（２０１９）22〜24頁

（9）愛知県の「子ども向け日本語教室の実態及び支援に関する調査」https://www.mext.go.jp/a_menu/shotou/clarinet/002/1304668.htm（２０２３年10月30日アクセス）

（10）２０２３年1月27日に東洋大学人間科学総合研究所主催のシンポジウム「外国にルーツを持つ子どもに対する日本語初期指導――実践から見た現状と課題をもとに〈初期対応〉のあり方を考える」で配布された資料に基づきます。詳しくはＨＰも参照してください。https://tabunka.or.jp/

6章 母語をどのように位置づけるか

1 母語とは何か

子どもの日本語教育では、日本語だけでなく、母語を含めた子どもの「全体としてのことば」の発達に注目するようになってきました。つまり、二つの言語能力が相互に補完的な役割を果たしているという「複言語主義」の考え方です。しかし、実際に母語をどのように位置づけるかはなかなか難しい課題です。そこで、ここでは改めて子どもたちの母語について考えてみましょう。子どもたちにとって母語とはどのような意味があるのでしょうか。母語とは「子どもがはじめて獲得した言語」のことで、「人間が社会の一員となるための基本的要素の一つ」だといわれます。(1) ですからそれは意図的に学習したものではなく、周囲の環境から獲得したもので、家庭で親やきょうだいが使っていることばということになるでしょう。

また、たとえ日本生まれでも家庭内言語が日本語以外であればそれが母語になります。「人間形成の基盤となる」母語ですが、学校など日本語中心の社会で過ごす時間が長くなると子どもたちにとって一番「うまく使える」言語は日本語になり、家庭でしか使わない母語の力が失われるといった課題も指摘されています。家庭だけでなく、社会（学校）でも母語が失われずにすむ環境を作っていくことが必要です。

2　母語に対する子どもたちの思い

4章2で紹介した「私たちの学校じまん」の発表で、子どもたちはポルトガル語の勉強ができることをあげていました。その学校では日本生まれや幼少期に来日した子どもが増えており、保護者から「会話が成り立たなくなってきた」「子どもが母語を忘れてしまうことが残念だ」との声があがっていました。日本語教室の先生も研修などを通して子どもたちの母語を保持することの重要性を認識していたので、「月に1度でも」ということで母語の指導が始まりました。指導はその地域で「語学相談員」と呼ばれる母語支援者が行ない、指導の計画は日本語担当の先生と相談員が一緒に考えました。年齢やその子の母語の力に応じ「母語で書く」ことを目指しているとのことでした。私が授業をみせてもらった時には、1年生から6年生までが「自分の生い立ち」をめぐって活動をしていました。1年生のポルトガル語のクラスでは、その導入として古いアルバム（日本語教室担当の先生のもの）をみながら子どもたちと母語指導の先生が会話をしていました。「あ、赤ちゃんだ」「かわいい」「これ、ブラジル？」「日本みたい。洋服が違う」などのやりとりが行なわれていたそうです。途中で母語指導の先生とポルトガル語で話していた子どもが急に日本人の先生の方を向き「これ、○○先生なの？」「え？　これ、先生のお母さん？」と日本語で聞きました。その切り替えはとても自然で、母語の先生とはポルトガル語、日本語教室の先生とは日本語、友だちとはその時に応じてことばを使い分けていました。家で使っていることばを教室で使うというのは特別なことらしく、子どもたちは母語の授業を楽しみにしており、母語の授業がない言語の子どもたちは「私も勉強したいのに」と言っていました。

しかし残念ながら外国にルーツのある子どもの支援をしている人たちの中には、日本の学校に馴染んできた子どもたちが自分の母語を恥ずかしいと思い、お父さん、お母さんに対して「外で母語を使わないで」「友だちがいるところで私に母語で話しかけないで」などというようになってしまったという経験をしたことがある方が多いと思います。(2) 日本語指導をしていて新しく出てきた単語などについて「(母語で) 何て言うの？」と質問をしたりしますが、答えがかえってこないこともよくあります。かつて支援していた中国から来た子どもは「もう中国語忘れちゃった」という言い方をしました。母語が使えなくなったことを「もう日本語の方が得意だし」と自身の成長の証のような言い方をしたのがとても気になりました。かれの中で母語である中国語と学校や社会で使われる日本語の力関係、あるいは価値がそのように定まっているのだと感じざるをえませんでした。子どもたちは母語の社会的価値が低いと感じるとそのことばを使わなくなります。使わなければ母語は失われます。先のポルトガル語教室の事例は、学校という環境の中で、母語を学ぶ価値のあるもの、ポルトガル語ができることは評価されるべきことと子どもたちに認識させる意味があり、子ども自身の中の母語の価値を高めるものであるといえます。

3　母語に対する保護者の意識

先の事例では、保護者が子どもたちと会話ができなくなることを不安視していましたが、それを学校や外部の支援者に訴えるということは決して容易なことではありません。むしろ、子どもが自分たちのように日本語で苦労しないですむようになることが何より望ましいと思う保護者は多くいます。ネイティブ並みの日本語力を身につけられるのであれば、母語は忘れてもかまわないという考えです。保護者自身の経験から来ているのでしょうが、かれらの多くは母語を失うことや家庭の文化を否定的にみてしまう危険があることに気づいていません。また、「日本人並みの日本語力」の獲得には時間がかかること、その間、母語での認知の力の維持がそれを支えること、つまり家庭で母語による深い会話を続けることが大切であることが、なかなか保護者に伝わりません。日本語の社会で苦労しながら生活している保護者や子どもたちにとって、母語の保持にまで関心が向かないかもしれません。しかし、子ども自身にとっても保護者にとっても母語は大変重要なコミュニケーションツールです。日本の公立学校で外国にルーツのある子ども一人ひとりの母語の力を伸ばすのは現実的には難しいことですが、これをなくさないようにするために何をしたらいいのかということを学校の中で考えていく必要があります。

4　子どもたちは授業で母語をどう活かしているか

日本語教師をしていると言うと「外国語が堪能なんですね」とよく言われます。私は外国語ができませんので、日本語で日本語を教える、直説法で指導しています。学習者が子どもであっても具体的にどのような場面でのやりとりを学ぶのかが伝われば日本語だけで指導していくことは可能です。けれど多くの先生方が「私は外国語ができないから外国人の子どもを受け入れるのは無理です。指導はできません」と言い、日本語ができない子どもをクラスに受け入れるということについて、非常に強い不安を示します。おそらくどうやって教えたらいいかということと同時に、何かあった時にことばが通じなかったらどうすればいいのかという点が気になるのではないかと思います。ことばが通じない子どもを受け入れるのが不安だというのは、先生としての責任感の表れなのかもしれません。

逆に同じ母語を話す子どもたちがクラスの中に複数いる時、授業中母語を使うことを禁止するケースもあります。先生である自分にわからないやりとりが行なわれるのは不安だということです。外国人の子どもが多く在籍する学校の校内授業研究会に参加したところ、その後の協議会である先生が「X班は大変深い話し合いをしていてよかった」と発言されました。この先生は普段「子どもの母語がわからないと指導が難しい」「通訳が必要だ」と言っている人でしたが、このX班は同じ母語の子どもだけを集めたグループで、実際には大半のやりとりを母語で行なっていました。先生に「なぜ深い話し合いをしていたと思われたのですか」と尋ねると、「子どもたちの顔をみていればわかります」とのことでした。経験のある先生は子どもたちが学習活動に取り組んでいるのか気ままなおしゃべりを楽しんでいるのかを子どもたちの様子から把握することができます。子どもたちが熱中するような学習活動を組めば、何語であれ気ままなおしゃべりの時間にはなりません。したがって「子どもが何を言っているのかわからない」と不安になる必要はなく、むしろ母語を使うことで自分の考えをしっかりと伝えることができ、学習活動としては深まりが期待されます。

浜松市の小学校で6年生の社会科の授業をみせていただいた時のことです。子どもたちのノートをみると、ポルトガル語でたくさん書いている子がいました。アメリカに関する調べ学習だったようです。地域の観光についてポルトガル語の記述があり、ところどころに日本語の単語が書かれていました。浜松市は外国籍の子どもが多く在籍しており、教育委員会を中心に、NPOなどの支援団体と連携しながら支援をしている[3]ことで知られています。母語の支援や母語教室なども充実しているようです。そうした支援が受けられているのかもしれませんが、学校で出された課題を母語で完成させていました。「日本語で書きなさい」と言われたら、この子どもは課題をすることはできなかったでしょう。日本語の授業ではなく社会科の授業であるということを考えれば、どちらが「学習に参加した」ことになるのかは明らかです。そして、こうして授業に参加することがこの子の「母語でなら同等に学べる」という自信と日本語で学習に参加する力の育成を支えているのではないでしょうか。

愛知県の外国にルーツのある子どもが多く在籍する学校では、同じ母語の子どもがクラス内にたくさんいるので授業中突然母語で話し出す子どもがいます。先に紹介した先生の感覚からすると「何を話しているのかわからないので母語を使わせたくない」状況といえます。

算数の授業で練習問題を解いてみるという個別学習に入った時のことでした。ある子どもが突然ポルトガル語で何か言い出しました。それに呼応してクラスの子どもたちが両手をあげました。少しして声をかけた子どもが何か言うとまたもとのように個別の作業に戻りました。授業後聞いてみると、計算をしようとしたら指が足りなかったのでみなに協力を求めたとのことでした。算数の計算で指を使うことについて否定的な人もいます。しかし、指を使わずに計算ができるようになるにはそれなりのステップが必要で、そのプロセスをクリアしていない子どもに対し〇年生なのだから指を使うなと言ってしまっては、算数の学習に参加することができません。この子どもが与えられた課題を遂行するためには指で数えることが必要でした。そのために友だちに助けを求めたわけですが、これも母語が使えたからできた学習参加でした。

5　母語・母文化を積極的に取り入れる

「多文化共生」ということばの広がりとともに、子どもたちの母語や母文化を尊重することが大切だということが認識されるようになりました。子どもたちへの日本語教育に関連して、中央教育審議会の答申では「外国人児童生徒等のアイデンティティの確立や日本語の習得のためには、母語や母文化の習得が重要である」、「日本語教育の推進は、我が国に居住する幼児期および学齢期にある外国人等の家庭における教育等において使用される言語の重要性に配慮して行われなければならない」と述べられています。

子どもたちの多くがこれからずっと日本で生きていくことを想定すると、日本語の習得はかれらのキャリアの選択に大きな影響を与えるでしょう。日本語指導者としてかれらが日本語ででも生きていけるような力を育てることは重要だと思います。ただ、日本語の習熟だけを目指してしまうと、母語の軽視につながりかねません。それでなくとも子どもたちの社会では日本語が圧倒的に優位なのです。「日本語教育推進法」の中に「母語の重要性に配慮して」と書かれていることの重みを感じます。

一方で子どもたちの母語にすればそれで支援は完了というものでもありません。そもそも、子どもの「母語」は何か、「母語」で何ができるか、を知っておかなければ、適切な支援はできません。

例えば、フィリピンから編入してきた子どもがタガログ語で学習を積みあげてきたかどうかは、聞いてみなければわかりません。英語で教科学習を受けてきた子ども、地元の言語を使いながら特定の教科のみタガログ語や英語で学んできた子どもなどさまざまです。また、長期間タイで育ち来日した子でもインターナショナル・スクールで学んできた子どもは、タイ語はごく限られた日常会話しかできないかもしれません。海外での言語環境も多様であることを前提に、「どんな言語でどんなことを」してきたのか、できるのかを受け入れの段階で確認しておくことは重要だと思います。同様に、ある国に住んでいたからといって、日本人がイメージするような一般的なその国の情報を持っているとは限りません。すべての日本人が富士山に登り、柔道を学び、茶道ができるわけではないのと同様、子どもたちは自分の生活範囲での経験しかしていません。「●●人なのに知らないの？」「××人なんだからできるでしょ」と言われて傷つく子どももいます。その子どものこれまでの生活を尊重し、出身国を背負わせるようなことのないよう、改めて気をつけたいものです。

また、最近はタブレットなどの翻訳機能を使って子どもたちが自分で母語にすることが可能ですが、語彙や説明、先生の指示の意味がわかったとして、それで学習に参加できるようになるでしょうか。ＩＣＴをフル活用して外国にルーツのある子どもの在籍学級の授業参加を支援している授業をみました。担任の先生が黒板に書いた文字を入り込み支援の先生がタブレットで写真に撮り、翻訳機能を使ってその子に示していました。授業中のやりとりを音声翻訳を使って随時母語に訳しタブレットに表示させていました。班活動に移り、子どもたちが自分の意見を話し、議論になった時、その子がタブレットを使って次のように打ち、翻訳された日本語を班の子どもたちに示しました。「翻訳しています。大きな声で、はっきり、ゆっくり話してください。お願いします」。翻訳機能が備わっているタブレットを貸与するだけでは、子どもたちの学習参加を支えることはできません。活用できるように日本人の子どもや先生が自身の日本語を振り返り、伝わっているか、タブレットを使って本当に学習に参加できているどうか確認しながら授業を進めるということが重要だと思います。逆に、長く日本にいる子どもたちは母語での教科用語を知らない可能性もあります。翻訳は万能ではありません。母語の力、母語で培ってきた知識や経験を把握したうえで、それを十分に活かし、日本の教室での学習活動に参加できるようにする手立てをしっかりと考えていく必要があります。日本語ではまだ表現できないかれらの深い思考を、母語で表し、日本語に翻訳して発信していくといった使い方が有効なのではないかと思います。

いま、日本生まれ日本育ちの子どもたちや日本に長期滞在する子どもたちが増えています。子どもたちが自分の持つことばの力（日本語、母語、外国語として学習したその他の言語）を場や相手に応じて最大限活用し活躍できるような社会が望まれます。それが実現できるかどうかは、日本社会のマジョリティである日本語母語話者の意識にかかっているのではないでしょうか。

注

（１）平成24年度緊急雇用創出事業基金事業 愛知県外国人コミュニティ母語教育等支援事業 報告書　www.pref.aichi.jp/uploaded/attachment/287595.pdf（２０２３年10月30日アクセス）

（２）母語をめぐる課題については以下を参照してください。

・日本で長く生活している子どもと保護者の思いや直面する課題について

齋藤ひろみ編著（２０１１）『外国人児童生徒のための支援ガイドブック　子どもたちのライフコースによりそって』凡人社、56～79頁

・母語・継承語教育について

高橋朋子「母語・継承語も育てる」西川朋美編著（２０２２）『外国につながる子どもの日本語教育』くろしお出版、１７１～１８９頁

（３）浜松市ホームページ「教育　外国につながる子どもへの支援」https://www.city.hamamatsu.shizuoka.jp/kyoiku/kyoiku/gaikoku/index.html（２０２３年10月30日アクセス）

7章 先生の学びを支える

1 先生が直面する課題——想像不可能な教育活動への挑戦

ここまで、子どもたちの思いを中心にお話ししてきましたが、本章では支援にあたる先生方の状況についてお伝えしたいと思います。日本語指導は学校教育の中で比較的新しい分野です。よく聞かれる課題として、各学校に担当者が一人しかいないことが多く相談する相手がいないこと、担当者が短いスパンで変わってしまうことがあげられます。また日本語指導についての知識がなく自信が持てないまま指導にあたらざるをえないことが担当する先生方を非常に不安にしています。体制の整った一部地域を除いて一般に担当となった先生が一人で孤軍奮闘して情報を集め、指導を進めていくという現状があります。これは「外国人児童生徒への日本語指導」という課題が学校現場で表面化して30年以上たったいまもあまり変わっていないように思います。日本語指導では先に述べたように子どもの実態からつけるべき力を考え、その子の個性や興味関心に合う教材を用意するという授業づくりが求められます。こうした力はどのようにして高めればよいのでしょうか。ここでは現職者への研修という点から考えてみましょう。

子どもたちへの日本語指導に関する研修をしていると、「指導の様子がみたい」という気持ちが強いことに驚かされます。研修の中に指導場面の映像があれば必ず「実際の指導場面がみられてよかった」、なければ「具体的な場面を知りたかった」というコメントが出てきます。対象となる子どもや指導体制が異なるのですから、他の人の授業をそのまま実施することはできないとわかっているはずなのにこれほど映像を求めるのは、それだけ日本語指導のイメージがつかめないからだと思います。「教員」という職業はその仕事に就く前に具体的にイメージできる数少ない職業の一つといわれています。[1]「営業職」は実際にその職についてはじめて具体的な仕事を知りますが、「教員」の仕事は子どもとして「先生のお仕事」の少なくとも一部をみています。特に授業に関しては「算数の授業はこんなふうに展開するはずだ」「国語の授業はこんな流れで行なわれていた」ということを知っています。もちろんそれが必ずしも正解なわけではありませんが、こんなものだったということを経験しているということが安心感につながっているのだろうと思います。

　ところが日本語指導に関しては、日本の学校の先生で自分自身が第二言語として日本語を学ぶ状況におかれた、あるいは第二言語で教科を学ぶ経験をしたという人、日本語を母語としないクラスメイトがいてその子にくっついて日本語指導の教室に行き、指導の様子をみたというような経験を持つ先生はとても少ないです。ですから、理念ではなく、具体的な授業として「日本語指導とは何か」を想像することができません。映像をみることで「ああ、こういうことをするのが日本語指導の場なのか」ということを確認することができ、それによって安心感が生まれるということなのだろうと思います。理論や指導方法の説明では自分がすべき具体的行動がみえてこないのでそれを具体化した「指導場面の映像」が人気を博す、つまり日本語指導担当になった先生方は、自分には想像不可能な教育活動を実践することが期待されていて、そこに強い不安を持っているといえるでしょう。

　例えば教科内容の指導について考えてみましょう。外国にルーツのある子どもたちの実態は出身国や年齢でひとくくりにはできません。多様なかれらの状況に合わせたオーダーメイドの授業づくりが求められます。一方、学校の教科教育には学習指導要領があり、それに沿った形で作成された教科書があります。さらにはその指導書もあります。ですからこの教材を通してどんな力をつけさせるのかということが明示されており、どんな力をつけさせなければならないのかという点は学習指導要領に書かれています。日本語指導が必要な子どもへの授業づくりでは、この子にどんな力をつけなければいけないかということをまず考え、それに基づいてどのような手順で何を使って指導していくのかということを考えていくことが期待されています。この「どんな力を」ということについても、どこかに明示されているわけではありません。これまで自分が子どもとして体験してきた、あるいは先生として指導してきた「いつものパターン」が存在しない中で「子どもの実態に合わせ」「学習に参加できるように」「日本語の力を」伸ばすことが求められる「日本語指導担当教員」という役割について「何をしたらいいのかまったく想像できない」という状況になるのはむしろあたり前だろうと思います。

2 「教員研修」の現状

2021年度の文科省の調査[(2)]をみると、全国の教育委員会の82・5%が「前年度に教育委員会として単独の日本語指導が必要な児童生徒への教育に関する研修会を実施していない」と答えています。また、45・7%の自治体で「対象となる児童生徒がいないか少ないため独自の研修を実施する必要性を感じない」と回答しています。研修を実施している教育委員会でも指導に関わる立場ごとに対象が限定されたものも多く、「常勤の教員」「母語支援者」

「（教育委員会が派遣する）日本語指導者」がそれぞれ分かれて研修を受けることもあります。つまり、教育委員会が研修を行なっていても対象とならなければ受講することができないのです。

しかし実際に目の前に指導を必要とする子どもが一人でもいたら、先生は指導の方法について学びたいと思うはずです。そうした時に学ぶ場がない、または、学ぶ場についての情報が現場の先生方に届かないということがおきており、それが大きな課題となっています。先の調査では、自治体独自の研修について「他の実施団体の研修を受講させているので独自の研修を実施する必要は感じない」という回答もありました。予算や人的リソース確保の問題もありますので、自治体独自の研修をしなければならないというわけではありません。しかし、希望者がそうした外部主催の研修に自由に参加できるような仕組みを作ることは必要です。

こうした研修会で講師を務める人たちからは、いつも同じ内容（基本的な事項）で研修をしなければならないことが課題としてあげられます。これまでにも述べてきたように、担当者の入れ替わりが激しく研修受講者は常に「担当初任者」が大半を占めるという現状の中では、これも仕方のないことです。しかし、いつまでも「基礎講座」だけでは地域の外国にルーツのある子どもの教育をリードする人材は育ちません。単独の教育委員会で実施が難しければ地域で、あるいは都道府県のレベルでより高度な研修を実施することが、将来の外国にルーツのある子どもの教育の質を担保することにつながるのではないでしょうか。

研修を作るという視点から考えるとまた別の課題があがってきます。まず、研修の企画は「担当者にどんな力をつけてもらいたいか」を考えることから始まるはずですが、実際には教育委員会で研修企画を担当する指導主事が「外国人児童生徒」に担任として直接関わった経験があるケースはとても少なく、日本語指導を担当したことのある指導主事となるとまだ非常にまれです。これは、先生が日本語指導について知らないまま担当になるのと同じように、現状を知らないまま研修を企画しなければならない立場におかれるということを意味しています。指導主事も一定期間で異動しますので、短期の担当期間の中では先任の指導主事の研修を踏襲することで精いっぱいということになります。子どもたちに直接指導する先生方が授業を作る時に情報が必要なように、研修を企画する指導主事にも外国にルーツのある子どもの教育に関する情報提供が必要で、そのうえで担当の地域でどのような研修が求められているのかを検討できるような力をつけていくことが求められています。先生への研修のあり方も、指導主事への情報提供のあり方も、構造的な問題であり一朝一夕に修正されるものではありませんが、それでもできることからやっていくことが重要です(3)。

現在、さまざまな団体が外国にルーツのある子どもに関する研修を実施しています。独立行政法人教職員支援機構が年に1回開催している「外国人児童生徒等への日本語指導指導者養成研修」は、教育委員会などの指導主事、管理職、教員などで、研修の内容を持ち帰り各学校や地域において研修を企画・実施する指導者として活動を行なう人材を育てるものです。残念ながら自治体ごとに人数が決まっており希望者がすべて受講できるわけではありません。先述の通り、各教育委員会が実施する研修もあります。先生を対象とするものとしては、日本語指導の方法などについて学ぶ日本語教室の担当教員向けのものと、子どもを受け入れ、日本人の子どもとともに授業や学級運営をする必要がある学級担任や一般教員を対象とするものに分けられるかと思います。実際には「日本語指導担当者研修、ただし、関心のある教員の参加も可能」というパターンが多く、「担任の先生が知りたい情報はこれではないな。せっかく来てくださったのに申し訳ないな」と思いながら、初期日本語指導の方法についてお話をするということもよくあります。研修の実施回数や規模については、それぞれの自治体のニーズの違いによって大きく異なります。外国にルーツのある子どもの人数が多く、教育に対する期待・必要性が高いところでは年に複数回、指導者の指導経験や在籍する子どもの特徴、その時々の地域の課題に応じた研修機会を設けているところもあります。一方で散在地域と呼ばれるところでは日本語指導の具体的な方法を学ぶ必要がある先生は少ないので、むしろ受け入れの仕方や保護者への対応など学校経営、学級運営に関わる基本的な情報をすべての先生が共有できるような研修が重要かと思います。ただし、日本語指導の方法についての研修を地域外で学べるような手立ては必要です。

地域の国際交流協会やＮＰＯ、大学などでも研修が行なわれています。研修ではありませんが、実践の報告や外国にルーツのある子どもに関わるさまざまなテーマをめぐる専門家の講演なども多く企画されています。こうした研修では「立場」の縛りが少なく、学ぶ意欲の高い多様な背景の人が集まるので知的刺激が得られるようです。長く日本語指導をされている先生方の多くが、「外の世界」の人々とのつながりや異なる地域の実践から多くのことを学んだと語っています。

3　研修から学ぶには

コロナ禍では、オンライン研修やオンデマンド研修がその位置を確立したように思います。受講者の要望としても、いつでもどこでも自分の都合のいい時に研修が受けられるオンデマンド研修を望む声が多く聞かれます。その一方オンデマンドで講義と資料を提供するのは受講者がどのように受け取ったか確認ができないということになり、最低限の情報提供以上の効果をあげるには工夫が必要です。研修資料が充実していれば先生の指導力が向上するかという点についてはイギリスの事例があります。[4] イギリスでは1990年代末から2000年代の労働党政権下で移民の子どもの教育にかかわらずさまざまな研修資料が開発されました。政府主導で研修資料作成のグループを作り、当時の教育課題に対応するための研修資料を作っています。移民の子どもに関しても受け入れ直後だけでなく、「教科学習への参加」「言語文化の異なる子ども含めた学校経営」などさまざまなテーマの資料があります。研修資料にはパワーポイントのスライド、映像資料、研修を進める立場にある人が読みあげるための台本、使用するワークシートもセットされていました。これだけの資料があるのだからさぞ学校の校内研修で活用されただろうと思ったのですが、その資料を作った担当者に話を聞くと作成者の期待のようには使われなかったとのことでした。現場の先生からもこれらの資料を使った研修を受けた記憶はないという答えがかえってきました。結局のところ、内容について十分理解していない人がマニュアルに沿って読みあげて研修をしたからといって、必ずしもうまくいくとはいかないということでした。また現場で研修にあてられる時間も非常に限られていたので資料づくりに時間を費やした割には広まらなかったというのが、対面での教員研修を多く実施している資料作成担当者の意見でした。イギリスの事例から何が考えられるでしょうか。オンデマンドの資料をいくら集めたとしても、そこから得た情報をどう使うかという点についての研修がなければ、机上の知識にとどまってしまいます。子どもたちへの日本語指導の内容と同じで知識を得てもそれを活用する力を身につけない限り、指導の場では役には立たないということがいえるのではないでしょうか。

　そのためには何を考えなければいけないかということになりますが、もちろん新しい分野ですから、知識を提供するということは必要です。また、その背景にある理論をきちんと理解するということもとても重要です[5]。同時に具体的な事例の中で、そうした知識理論がどのように反映されているのかということを確認していくということが、知識を実践力に変えていく時にとても重要なことです。ここに現状のオンデマンド研修の限界があると思われます。研修にはさまざまな方法がありますが、伝えたい内容、受講者に身につけてほしい力に応じて研修の形態を選択していくことが企画者には求められるのではないでしょうか。

　校内研修会の事例をご紹介します。集住地域にあるA小学校は全校の子どもの7割以上が外国にルーツのある子どもたちです。国語と算数の授業は日本語力を基本とした習熟度別に行なわれています。まだまだしっかりとした日本語指導が必要な子どもたちのグループはもちろん、中位のグループも大半が外国にルーツのある子どもたちです。日本語に問題はないと判断された子どもたちも文化背景や日本での社会経験の差など授業時に配慮すべきことがあります。こうした状況から、すべての先生が日本語指導や外国にルーツのある子どもの教育について知る必要があると考え、授業の相互参観と協議を続けてきました。先生方は熱心ですし積極的なのですが、協議の様子をみながら「もっと深いディスカッションができるのではないか」と考えました。リーダーの先生方と相談し、次のようなことを取り入れてみました。

1 授業の何をみてほしいのかを授業者が事前に伝える。
2 参観者は自分の普段の授業との違いをみつける。
3 参観者間で1と2について「よかったところ」「改善点」「自分の授業との違いが生じた理由」などについて話し合う。

ディスカッションで進行を務める各グループのファシリテーターは事前に協議のポイントと話し合いの進め方について打ち合わせをし、そこには可能な限り授業者と助言者も入るようにしました。3の内容を報告しあい、授業者や助言者との質疑を行ないました。はじめの頃はグループからの報告であがってくるのは質問が大半でしたが、回を重ねるに従いテーマに沿って自分たちの考えが出てくるようになりました。参加者はその学校の子どもたちを知っている先生ですから、これまでの子どもの様子や学習の状況、自分がしてきた指導と合わせて検討されるようになりました。また、新たにA小に異動してきた先生たちはこうした話を聞きながら「A小ならではの指導のポイント」をつかんでいきました。こうした先生方の様子を見ていると、外国にルーツのある子どもの教育の研修ではいわゆる校内授業研究会の場がとても有効だと思われます。

A小のような大規模在籍校ではすべての先生が日本語指導や日本語指導が必要な子どもへの教科指導についての課題を共有することができますが、散在地域の学校だとなかなか難しく、校内研で日本語教室の授業公開があっても「どこに注目して授業をみたらよいのかがわからない」という状況があります。先にあげた1を行なうことで「自分では行なったことのない日本語の授業」をみる視点が定まり、協議でも焦点が絞られます。

散在地域にあるB小学校は実践研究に力を入れている学校です。県内初の日本語教室が設置されて以来毎年授業公開を続けています。公開授業研究会であっても取り出しの日本語指導は対象とならない学校も多くあります。在籍学級での公開に参加するという理由もあるでしょうし、個別指導をみられるのは子どもの負担が大きいという理由もあるでしょう。B小学校の場合は、毎年日本語の取り出し授業を公開しそのための指導案検討が全校レベルで行なわれることで、校内の先生方の日本語指導に対する認識が深まりました。この小学校のユニークな取り組みかもしれませんが、すべての先生で公開授業のための指導案を検討する場（要項検討会）があります。散在地域であるこの小学校では大半の先生が日本語指導の経験がありません。指導案の検討をするには日本語指導に関わる背景や理論についてもある程度知っている必要があります。Ｂ小学校の担当の先生は毎年こうした情報を書き続け、先生方はそれを繰り返し読むことで理解を深めていったと思われます。年に一度であっても積み重ねることの意義は大きいといえるでしょう。

４　「教員研修」の課題

日本語指導を担当する大半の先生は校長の指名により突然外国にルーツのある子どもの教育に向き合うことになります。その内容は大学の教員養成課程ではほとんど学んだことはなく、子ども時代に先生がこうした指導をしているのをみたこともありません。自身では想像不可能な教育活動を任された先生に対して現状で残念ながら十分な支援があるとはいえません。昨今の「教員の働き方改革」の中で研修を増やすことも難しいと聞いています。それでもなお、子どもに対するには先生は学んでいかなければならないとすればそれを支えるには何が必要でしょうか。

体制がない、研修機会がない、という現実の中で、これまでの担当者は自ら動いて学びの場を探し、そこで出会った人たちと横のつながりを作って指導力を高めてきました。学校組織だけでなく、地域のボランティア団体とのつながりも作り、「相談できる人・場」を作り出してきました。学校外、地域外の様子を知り、指導方法について意見を交換し、それを学校に持ち帰って校内に広めるという地道な動きの積み重ねで体制を作ってきた地域や学校も多くみられます。先生にとって「学び続ける」ことはとても大切なことです。先生方の学びを支える仕組みを作っていくことが必要なのではないでしょうか。

注

（1）坂本篤史・秋田喜代美（2012）「教師」金井壽宏・楠見孝編『実践知――エキスパートの知性』有斐閣、174~195頁

（2）文部科学省（2022）「日本語指導が必要な児童生徒の受入状況等に関する調査結果について」https://www.mext.go.jp/content/20230113-mxt_kyokoku-000007294_2.pdf（2023年10月30日アクセス）

（3）指導主事を対象とした研修作成の資料としては、文部科学省の「外国人児童生徒教育研修マニュアル」を参照してください。https://www.mext.go.jp/a_menu/shotou/clarinet/003/1345412.htm（2023年10月30日アクセス）

（4）菅原雅枝（2013）「イングランドにおける英語を第一言語としない生徒への教育――一般教員への情報提供の在り方をめぐって」『日英教育研究フォーラム』第17号、日英教育学会
　なお、研修資料についてはすでにアーカイブ化されており、入手は困難な状況となっています。

（5）文部科学省「外国人児童生徒等教育を担う教員の養成・研修モデルプログラム開発事業」の「内容構

成一覧」で外国人児童生徒等教育に関わる人に必要な内容項目を確認することができます。https://mo-mo-pro.com/（2023年10月30日アクセス）

3部

国と自治体の取り組み

8章 国の取り組み

1 外国にルーツのある子どもの教育政策の流れ

ここまで学校を中心にして外国にルーツのある子どもの日本語教育についてみてきました。その実践を大きく方向づけているのが国や自治体の政策・施策です。そこで、ここでは文科省を中心に外国にルーツのある子どもの教育に関する政策・施策の流れをみていくことにしましょう。ここでは施策は政策に基づいた個々の事業や取り組みをさしています。また、国では「外国人児童生徒等」という表現をします。外国籍の子どもだけでなく、日本国籍や重国籍の子どもも含まれるためです。表1は主な政策・施策の推移を示したものです。ここからもわかるように、外国にルーツのある子どもの教育に関して施策を開始したのはおおよそ1990年頃からです。ですから30年以上が経過しましたが、2010年代からそこには変化の兆しがみられるようになってきました。

第1は政策立案が国の行政担当者主導から、審議会、有識者会議、検討会での議論を経てなされるようになった点です。これはこの教育だけに限ったことではありませんが、2010年代からかなりの頻度で有識者会議や検討会が開催され、報告を行なっています。こうした会議は、基本的にあらかじめ検討事項が示されますが、検討事項に関して多様な意見が交わされます。議事録も原則公開され、最終報告に多様な意見が一定程度反映されるようになっています。また、パブリックコメントなどの手法も導入されるようになってきました。もちろん、こうした会議は、委員の選任のあり方や行政の正当化機能に役立つに過ぎないといった問題があることも事実でしょう。しかし、教育現場に精通した人や当事者などの意見が政策に一定程度反映されるようになったことは評価に値するのではないでしょうか。

第2は、外国にルーツのある子どもの教育政策の目指すべき方向性が明確になった点です。2016年の「学校における外国人児童生徒等に対する教育支援に関する有識者会議」の報告書が一つの転機になったように思います。[1]ここでは、課題対応型の施策だけでなく、多文化共生の視点が明確になっています。また、子どもの文化的背景の尊重、ライフコースという視点の重要性なども打ち出されています。さらにこの報告書では、外国にルーツのある子どもをグローバル人材として育成するために、集住地域で子どもたちの母語を活かした「イ

2007年	帰国・外国人児童生徒受入促進事業（①母語のわかる指導協力者の配置、②域内の小中校に対する巡回指導、③バイリンガル相談員等の活用による就学啓発活動）
2007年	ＪＳＬカリキュラム中学校編開発
2007年	ＪＳＬカリキュラム実践支援事業
2008年	「外国人児童生徒教育推進検討会」報告
2009年	定住外国人の子どもに対する緊急支援について（通知）
2009年	定住外国人の子どもの就学支援事業（虹の架け橋教室）開始
2010年	日系定住外国人施策に関する基本指針策定
2011年	「外国人児童生徒受入れの手引」刊行
2012年	「定住外国人の子どもの教育等に関する政策懇談会」報告
2012年	「外国人の子どもの就学機会の確保に当たっての留意点について」（通知）
2013年	「日本語指導が必要な児童生徒を対象とした指導の在り方に関する検討会議」報告
2013年	帰国・外国人児童生徒等に対するきめ細かな支援事業（補助事業）開始
2014年	「特別の教育課程」の制度化
2014年	外国人児童生徒のためのJSL対話型アセスメント（「DLA」）開発
2014年	外国人児童生徒教育研修マニュアル開発
2014年	情報検索サイト「かすたねっと」運用開始
2016年	「学校における外国人児童生徒等に対する教育支援に関する有識者会議」報告
2017年	外国人児童生徒等教育を担う教員の養成・研修モデルプログラム開発事業開始
2017年	日本語指導に必要な教員の基礎定数化事業の開始（子ども18人に１人の教員の配置）
2019年	「外国人材の受入れ・共生に関する関係閣僚会議」決定
2019年	「外国人の受入れ・共生のための教育推進検討チーム」の報告
2019年	「外国人の子供の就学の促進及び就学状況の把握等について」（通知）
2019年	日本語教育の推進に関する法律
2019年	「外国人児童生徒受入れの手引」（改訂版）刊行
2019年	外国人児童生徒等教育アドバイザーの教育委員会等への派遣事業開始
2020年	「外国人児童生徒等の教育の充実に関する有識者会議」報告
2020年	「高等学校等卒業後に本邦で就職を希望する外国籍を有する者の在留資格の取扱いの変更について」（通知）
2020年	「外国人の子供の就学促進及び就学状況の把握等に関する指針の策定について」（通知）
2021年	中央教育審議会「『令和の日本型学校教育』の構築を目指して」（答申）
2021年	「専ら外国人の子供の教育を目的としている施設（いわゆる「外国人学校」）の保健衛生環境に係る有識者会議」報告
2021年	「高等学校における日本語指導の在り方に関する検討会議」報告
2021年	日本語指導を担当する教員・支援者向け研修動画の制作・公開
2022年	「高等学校における外国人生徒等の受入の手引」「高等学校の日本語指導・学習支援のためのガイドライン」作成（東京学芸大学）

表1 文部科学省の主な政策・施策の推移(2)

1976年	中国引揚子女教育研究協力校の指定
1977年	「日本の学校」(中国語版上巻・下巻)(中国帰国児童生徒の適応のための補助教材)作成
1986年	「帰国子女教育の手引」(引揚子女関係)作成
1986年	中国帰国孤児子女教育指導協力者派遣事業
1987年	臨時教育審議会最終答申(新国際学校の設置提案、日本語教育の充実等)
1989年	日本語教材「先生おはようございます」(中国帰国児童生徒対象)作成
1989年	外国人子女教育研究協力校の指定
1991年	日本語指導が必要な外国人児童生徒数調査の開始
1991年	「日韓覚書」(在日韓国人の法的地位・待遇)(①課外での母語・母文化教育の公認、②就学案内の発給、③教育公務員への任用の際の国籍条項の撤廃)
1992年	総務庁の勧告(①就学の円滑化、②受け入れ体制整備・教員研修・日本語指導教材整備、③就学前の情報提供)
1992年	日本語指導等特別な配慮を要する児童生徒に対応した教員の配置事業
1992年	「にほんごをまなぼう」(初期日本語指導教材)作成・配布
1993年	「日本語を学ぼう2」(小4までの算・理・社の学習に必要な日本語教材)作成・配布
1993年	外国人子女等日本語指導講習会、外国人子女教育担当指導主事研究協議会の開催
1994年	「日本語を学ぼう3」(小5、6までの算・理・社の学習に必要な日本語教材)作成・配布
1994年	外国人子女等指導協力者派遣(母語対応)事業開始
1995年	「ようこそ日本の学校へ」(指導資料集)作成配布
1996年	日本語指導カリキュラムガイドライン作成
1997年	「外国人子女教育資料・教材総覧」の作成
1998年	外国人子女教育受入推進地域の指定
1999年	外国人子女教育等相談員派遣事業
2000年	大学入学資格検定(大検)の改正(外国人学校等の卒業生に受験資格が認められる)
2000年	マルチメディア版「にほんごをまなぼう」開発・配布
2001年	帰国・外国人児童生徒教育研究協議会の開催
2001年	帰国・外国人児童生徒と共に進める教育の国際化推進事業(2005年まで)
2003年	総務省行政評価・監査結果に基づく通知(①外国語による就学ガイドブック等の整備、②外国語による就学援助制度の案内の徹底、③通学区域外でかつ通学が可能な日本語指導体制が整備されている学校への通学を認める)
2003年	ＪＳＬカリキュラム小学校編開発
2005年	不就学外国人児童生徒支援事業(2006年度まで)
2005年	「外国人児童生徒のための就学ガイドブック」作成配布
2006年	帰国・外国人児童生徒教育支援体制モデル事業
2006年	「外国人児童生徒教育の充実」(通知)

マージョン学級」（子どもたちの母語で一部の教科の授業を行なうようなこと）の開設なども議論の俎上にのせられています。このように外国にルーツのある子どもの教育の方向性が示されています。

第3は政策の相互のつながりが意識されるようになった点です。その一例です。JSLカリキュラムは開発当初から研修を前提にしていましたが、最初は研修のための施策はありませんでしたが、2007年から「JSLカリキュラム実践支援事業」が開始されました。また、実践に資するための「外国人児童生徒受入れの手引」の刊行、子どもの日本語力を評価する「JSL対話型アセスメント」（「DLA」）の開発、さらに小中学校での「特別の教育課程」の制度化に続き、高校でも「特別の教育課程」が実施できるようになりました。これらの施策は明らかに相互に関連するものです。これまでは課題が出てくるたびに個別の施策を講じてきましたが、施策の相互の関連が図られるようになったことは評価できます。

第4は外国にルーツのある子どもの調査が行なわれ、そのデータをもとに政策が検討されるようになった点です。1991年から原則2年おきに「日本語指導が必要な児童生徒の受入状況等に関する調査」が実施されていますが、しばらくデータはこれだけで実態把握が極めて不十分でした。2019年にはじめて全国規模の「外国人の子供の就学状況等調査」(3)が実施されました。また、「日本語指導が必要な児童生徒の受入状況等に関する調査」でも

「日本語指導が必要な生徒」の高校進学率や「日本語指導が必要な高校生」の進路実態も把握するようになりました[4]。政策を立案するには基礎的なデータは不可欠です。その意味では一歩前進ですが、まだまだデータが不十分です。さらなる詳細な調査と政策のエビデンスになるデータが必要です。具体的には、学校基本調査での国籍把握、「全国学力・学習状況調査」などの外国籍の子どもの結果の公表などを進めていく必要があります。

第5は国が自治体に向けて一定の指針を示すようになった点です。この教育は自治体が先行して進めてきましたが、自治体間の格差も出てきました。そこで、国が一定の指針を示し、自治体の役割を明示するようになりました。例えば、「外国人児童生徒受入れの手引」では、都道府県教員委員会、市町村教育委員会の役割が明示されています。「外国人児童生徒等の教育の充実に関する有識者会議」(2020年)では、子どもの就学状況について「各地域において就学状況を把握し、就学に結びつけるための取組」を自治体の役割としていますし、指導体制の構築についても「主に公立学校の設置者である地方公共団体が行うもの」といった記述がみられます[5]。また、表1からもわかるように、文科省の担当局長名で都道府県教育委員会や市町村教育委員会宛に「通知」がかなりの頻度で出されています。一定の指針を示すことで何をすべきかが自治体でも明確になってきました。また、先進的な事例を取りあげ、それをモデルとして示すことで自治体や学校が取り組むべき課題をはっきりさせるようになってきました。例えば、自治体の「外国人の子供の就学状況の把握・就学促進に関する取組事例」を公表しています。国が上から自治体に下すということではなく、自治体の独自性を尊重した仕組みを作ろうとしているように見受けられます。しかし、現実には自治体への「丸投げ」になる危険性を孕んでいます。国が一定の指針を示すと同時に、それをどのように実現するかという点まで踏み込んでいく必要があります。そのためには財政的な裏付けや制度的な壁を解消することが必要なことはいうまでもありません。

このように政策に変化がみられるようになってきていますが、そこには問題もあります。第1は新たな課題がおこるたびに、新たな施策を講ずるという「上積み方式」になっていることです。そのため、課題が山積し、それまでの課題が解決しないまま新たな施策を講ずるということがおきています。これを避けるには政策評価が必要です。「外国人児童生徒等の教育の充実に関する有識者会議」（2020年）では、短期的（ほぼ1年程度）に解決すべき課題と中期的（5年ほど）に解決すべき課題に分けて施策が提案されていますが、中期的な課題についてはその達成状況を評価することが必要です。そのうえで、解決していない課題を踏まえた施策を講じていくようにする必要があります。

第2は財政的な裏付けです。さまざまな政策・施策を実現するにはやはり財源が必要です。財源がなければ絵に描いた餅に終わってしまいます。逆にいえば、政策を提案するには、その財源をどうするかを含めた議論も必要です。理想を高く掲げることは必要ですが、それだけでは十分でありません。例えば、２００９年から開始された「定住外国人の子どもの就学支援事業」、通称「虹の架け橋事業」は、基金で運用されました[6]。基金とは「特定の事業に対して複数年度にわたってためておき、必要な時に使うことができるお金」の仕組みのことです。この事業は、通算で6年間にわたり実施され成果をあげてきましたが、財源がなくなり自治体にこの事業が移管されました。しかし、財政的な措置を伴うため、同じような事業は継続されませんでした。また、「日本語指導担当教教員の基礎定数化」も重要な施策ですが、子ども18人に1人の教員配置を10年にわたって実現するというものです。はたしてこれで十分かといえば答えは否でしょう。その大元が財源です。国の予算は原則単年度主義ですので、財源の確保は難しい面もありますが、しっかり検討すべき課題です。

第3は小学校、中学校、さらに高校など個々の対象別の施策が中心で、接続に関わる施策が不十分な点です。接続に関わる問題とは、就学前と小学校との接続、中学から高校への接続、さらに中学卒業・高校卒業と就労の接続などです。このうち中学から高校への接続に関わる施策はなされるようになりましたが、まだ十分ではありません。これはタテの接続ですが、ヨコの接続の施策は極めて不十分です。具体的には、教育と福祉や医療の接続、福祉と労働の接続などのことです。これまで各省庁間で別個に進められてきた施策をつないでいくことが必要だということです。例えば、いま外国にルーツのある子どもで障がいのある子どもの支援が必要になっていますが、そのためには福祉や医療などとの連携が不可欠です。そうした施策を早急に講じていく必要があります。

第4は教育政策の二重構造化という問題です。外国籍の子どもの教育は、1980年代までは在日コリアンの子どもの教育が中心でしたが、1990年代に入ると、新たに日本に来た外国人の子どもの教育が大きな課題になりました。しかし、従来の問題を解決しないまま、両者の教育は別個に議論され、子どもの日本語指導や学校への適応が国の施策の中心になっていきました。在日コリアンの教育で大きな課題であった民族教育や母語教育（継承語教育）について政策の俎上にのせられることはありませんでした。これは外国人学校やインターナショナル・スクールを日本の公教育の枠組みとは別に位置づけているという問題と関わります。ただ、やや変化の兆しもみられるようになってきました。2019年に「日本語教育推進法」が施行されました。そこでは外国にルーツのある子どもに対する日本語教育の充実が必要なこと、そして家庭内の言語、子どもの母語の重要性も書かれています。また、「専ら外国人の子供の教育を目的としている施設（いわゆる「外国人学校」）の保健衛生環境に係る有識者会議」（2020年）では、新型コロナウイルス感染症という事態への対応という面はあるにしろ、外国人学校やインターナショナル・スクールへの就学者の実態把握、養護教育の充実、さらには健康診断の実施など保健面での対応の必要性について提案しています。[7]しかし、二重構造が解消されるまでにはなっていません。

第5は第4とも関連しますがこれまでの政策は、日本の公教育の枠組みを前提として展開されてきたため、限界があるということです。「国民教育」という「日本人の育成」を目指す教育が大前提になっています。このことが1部で述べたように日本語教育の構造的な問題になって現れています。外国籍の子どもは就学義務はありませんし、学校の授業は日本語で行なわれ、日本語で学力が評価されます。また、「国語」はもとより、日本の歴史や地理、公民などの学習が行なわれています。外国籍の子どもは日本の教育制度から構造的に排除されるようになっています。この「日本人の育成」という枠組みで外国籍の子どもの教育を構想せざるをえないため、政策がどうしても不十分になってしまうことは否めません。こうした中で日本語指導に関わる「特別の教育課程」の制度化など、法改正を含めた政策なども行なわれるようになってきましたが、根本的な解決にはなりません。この教育をこれから進めていくには、日本の公教育の枠組み自体を問い直し、制度改革を進めていくことが必要です。

2　学校の日本語教育の主な政策

JSLカリキュラム

学校での日本語教育に関わる施策の中で重要なのは、ＪＳＬカリキュラムの開発、「外国人児童生徒の受入れの手引」の刊行、子どもの日本語力を評価する「ＪＳＬ対話型アセスメント」（「ＤＬＡ」）の開発、小中学校での「特別の教育課程」の制度化、さらに高校での「特別の教育課程」の実施などです。ここでは、その中でＪＳＬカリキュラムと「特別の教育課程」について注目したいと思います（私自身が直接関わったものです）。

まず「ＪＳＬカリキュラム」です。[8] ＪＳＬカリキュラムは、本書でも触れてきましたが、日本語の学習と教科の学習の統合を図ったもので、「学習に参加するための日本語の力」の育成を目指したものです。つまり、学習の文脈からことばを切り離さず、日本語と教科を統合して指導することで、教科学習に参加する力を育成しようとして開発されたものです。そのため、多様な日本語力を持つ子どもがその日本語力に応じて学習活動に参加できるような活動中心の授業の組み立て方を提案しています。その際に、日本語の負荷を低くし、内容を理解できるように具体物や直接的体験を取り入れるなど多様な「足場かけ」を用意することを提案しています。同時に、日本語力の異なる子どもが学習活動を参加しやすいように多様な日本語表現が用意されています。また、子どもの理解、表現などを促すための日本語支援策を示しました。ＪＳＬカリキュラムは、従来のカリキュラムのように内容を順に配列したものでなく、授業づくりを支援するためのツールとして開発されたものです。子どもが多様で、編入学の時期もバラバラであり、一定の内容を順序立てて組み立てることが難しかったためです。例えていえば、コンピューターの基本ＯＳのようなものです。基本ＯＳは、コンピューター全体の動作管理や、ハードウェアとソフトウェアの橋渡しをするものです。ＪＳＬカリキュラムは学習活動全体に必要な能力の育成を目指すとともに、学習活動の組み立て方を示したものです。

例をあげましょう。学習活動に参加するといっても多様な活動があります。そこで４教科（国語、算数、社会、理科）の主要な活動を抽出し、各教科に共通の基本的な学習活動を明確にしています。例えば「観察する」「調べる」「表現する」「判断する」など、教科学習の基礎になる活動を想定し、こうした活動への参加を経験することで、教科の学習活動にも参加できるようにしたものです。そして、そうした学習活動に参加するには、どのような日本語が必要か、それを一つではなく、いくつかのバリエーションが用意されています。定型的で固定的な日本語表現でなく、子どもが参加できる日本語の表現を考慮した授業づくりができるよう工夫されています。

ＪＳＬカリキュラムにもさまざまな問題がありますがここでは触れませんので書籍などを参照してください[9]。なおＪＳＬカリキュラムの詳細は文科省のホームページや関連書籍など[10]を参考にしてください。

「特別の教育課程」の制度化

学校の日本語教育にとって一つの前進は「特別の教育課程」の制度化です[11]。省令が改正されましたので、正規の授業時間内で日本語の授業が可能になりました。それまでは放課後や習熟度別などで対応していましたので大きな一歩でしょう。学校は新しい年度ごとに教育課程を編成しなければなりません。学校の目標を達成するために教育の内容（教科、領域、行事など）を授業時間数を踏まえて計画することを教育課程の編成といいます。ただ、学校は地域や子どもの実態に応じて独自の教科（中学校では「その他特に必要な教科」、高校では「学校設定教科・科目」など）を組むことも可能です。「特別の教育課程」とは、学校が作った在籍学級の教育課程によらず、在籍学級以外の教室で個々の日本語能力に応じた指導を行なうための教育計画のことです。

小中学校に導入された「特別の教育課程」の概要ですが、学校の先生（教員免許状の保有者）が担当すること、時間数は年間10単位時間から280単位時間までを標準とすること、そして個別に指導する「取り出し指導」を中心とすること、対象となる子どもについて個別の指導計画を作成し、学習評価も行なうことになっています。この「特別の教育課程」の制度化により、学校で日本語の教育が明確に位置づけられたといえます。しかし、文科省の調査では「特別の教育課程」による指導を受けている子どもの割合は約7割ですので、まだまだ普及しているとはいえませんし、ＪＳＬカリキュラムを指導している学校も少ないのが現状です。

小中学校に引き続き高等学校でもこの制度化が２０２３度から開始されました[12]。高校段階の日本語教育は大きな課題になってきていました。高校段階の外国にルーツのある生徒が増加したこと、また海外から直接編入学する生徒が増加傾向にあることなどから「特別の教育課程」の必要性が出てきていたのです。その概要はほぼ小中学校と同様ですが、高校では単位として認めることになりました。「特別の教育課程」のもとで実施する日本語指導は21単位まで、卒業に必要な履修単位に含めることができるようになったということです。高校段階では課題もあります。特にさまざまなタイプの高校があるためどのように運用するか、必履修科目との整合性や学校設定教科・科目との関連をどうするかといった点です。「特別の教育課程」での個別指導と日本語に関する学校設定教科・科目をうまく組み合わせたり、必履修科目と「特別の教育課程」での個別の指導の履修の順番を入れかえたりすることで、この制度をうまく活用できるようにも思います。一律にこの制度を適用するのではなく、学校・地域の実態に合わせて定着させていく必要があります。また、体制づくりもこれからの課題です。高校では教科の専門性が小中学校と比べ高くなり、教科学習と日本語の学習をどうつなぐかは大きな課題です。実際の運用では、日本語指導を行なう先生を「日本語教育コーディネーター」として位置づけることも有効です。都道府県によっては「多文化コーディネーター」を配置し、学校全体での指導体制を確立しているところもありますが、こうしたコーディネーターの配置には財政的な裏付けが必要です。財政面で厳しい都道府県では配置が難しいため、自治体間の格差が生じることになりますので、国としても財政的な支援策やNPOとの連携を含めた推進体制の整備を支援していく必要があります。

この他、文科省は2013年から補助事業として「帰国・外国人等に対するきめ細かな支援事業」を行なっています。日本語教育については、「特別の教育課程による日本語指導の実施」「日本語能力測定方法等を活用した実践・検証」「母語が分かる支援員の派遣」「親子日本語教室の実施」など多様な取り組みを支援する事業です。2023年度は、37都道府県、19の指定都市、24の中核市で行なわれています。毎年、成果報告書が文科省から出されていますので参照してみてください。[(13)] 9章ではその中の三つの自治体の取り組みを取りあげています。

3 学校の日本語教育の政策上の課題

学校の日本語教育は国の政策の重要な柱になり多くの施策が講じられてきました。しかし、学校の教科として「日本語」がないため、根本的な解決にはつながりません。1章でも述べましたが、ここでは学校の実践上の問題に注目してみましょう。学校では教科学習と日本語学習が分断しており、教科の目標のみが重視され、日本語の目標は設定できないという問題がおきています。学校や先生は日本語教育の知識がなく、日本語の目標をどのように設定するかがわからないということです。これは学校で「日本語」が教科として位置づけられていないということと関連します。

また、これまでの日本語教育は初期段階から中期段階の子どもを中心に、教科学習に橋渡しをするためのものでしたが、今後必要になるのは、日本語力がある程度ついた子どもの日本語力の向上、知識、思考力を高めていくことです。それは「国語科」の役割とされてきましたが、それでは不十分です。「国語科」はあくまでも「日本人」を前提にしたものだからです。いま、日本の学校教育は「主体的で、対話的な深い学び」を追求していくことが課題になっています。この「深い学び」を実現するには日本語を含めた子どもの「国語の力」を高めていくことが必要です。文科省の定義では「国語の力」は、「考える力」（分析力、論理的思考力など)、「感じる力」「想像する力」、そして「表す力」をさしています。[14]外国にルーツのある子どもたちも、質や程度の違いはあれ、こうした力の育成を目指していく必要があります。それは教科として「国語科」の力というよりも、ことばの力を高めていくことが目標になるということです。それが社会で生きていく力になるからです。これまでの日本語教育をもとにしつつ子どものことば全体の力(語彙や文法、考える力、感じる力、想像力、そして表す力、そしてそこには母語も含まれます)を育成することが必要です。教科としての「日本語」にそうした役割を持たせていくことです。そのことで、子どものことばの力、考える力、学習のスキル、さらに知識の習得などを目指した「内容言語統合型学習(CLIL、Content and Language Integrated Learning)」[15]や「複言語主義」に基づく日本語教育の実践なども可能になります。外国にルーツのある子どもがますます増加していきます。すべての子どもがどこでもいつでも日本語教育が受けられるようにしていくためにも日本語を教科として創設していくことを目指すべきです。

最後に、政策と教育現場をどのようにつないでいくかについて触れておきます。政策決定の過程に教育現場の経験者の声も反映されるようになってきていますが、まだ十分でありません。これまでの実践も振り返りつつ、そこから課題を明確にしてどのような政策が必要かを示していく必要があります。そこには研究者の力も必要でしょう。多文化化した日本の教育は転換期を迎えています。これまでにない事態を組み込んだ教育を進めるためには実践を支える政策とそれを実現する体制を整備することが課題です。

ただ、外国にルーツのある子どもの教育や日本語教育には政治的な要素も含まれていますので、政治的なアクションも欠かせません。現状を変えていくには理想論だけでは進みません。どのように折り合いをつけて、前例主義に切り込んでいくかも考慮していかなければなりません。そのために関係者が手をつなぎ知恵を出し合っていく必要があります。

注

（1）文科省「学校における外国人児童生徒等に対する教育支援に関する有識者会議」報告　https://www.mext.go.jp/b_menu/houdou/28/06/__icsFiles/afieldfile/2016/06/28/1373387_02.pdf（２０２３年10月30日アクセス）

（2）これは文科省のＨＰなどを参照しました。２００９年までの政策・施策については、佐藤郡衛（２００９）「日本における外国人教育政策の現状と課題——学校教育を中心にして」移民政策学会編『移民政策研究』創刊号が詳しいです。

（3）文科省「外国人の子供の就学状況等調査結果（令和4年3月）」https://www.mext.go.jp/content/20220324-mxt_kyokoku-000021407_02.pdf（２０２３年10月30日アクセス）

（4）文科省「日本語指導が必要な児童生徒の受入状況等に関する調査（令和3年度）」https://www.mext.

go.jp/content/20221017-mxt_kyokoku-000025305_02.pdf（２０２３年10月30日アクセス）

（5）文科省「外国人児童生徒等の充実に関する有識者会議」報告　https://www.mext.go.jp/content/20200528-mxt_kyousei01-000006118-01.pdf（２０２３年10月30日アクセス）

（6）「虹の架け橋事業」については、国際移住機関（ＩＯＭ）の以下の報告書を参照してください。http://www.iomjapan.org/publication/kakehashi_report.html（２０２３年10月30日アクセス）

（7）文科省「専ら外国人の子供の教育を目的としている施設（いわゆる「外国人学校」）の保健衛生環境に係る有識者会議」（最終取りまとめ）https://www.mext.go.jp/content/20220112-mxt_19876_m.pdf（２０２３年10月30日アクセス）

（8）ＪＳＬカリキュラムについては以下を参照してください。https://www.mext.go.jp/a_menu/shotou/clarinet/003/001/008.htm（２０２３年10月30日アクセス）

（9）ＪＳＬカリキュラムの問題については、佐藤郡衛（２０１９）『多文化社会に生きる子どもの教育』明石書店を参照してください。

（10）ＪＳＬに関する書籍は以下を参照してください。外国人児童の「教科と日本語」シリーズ、『小学校ＪＳＬカリキュラム「解説」』『小学校「ＪＳＬ理科」の授業作り』『小学校「ＪＳＬ社会科」の授業作り』『小学校「ＪＳＬ算数科」の授業作り』『小学校「ＪＳＬ国語科」の授業作り』スリーエーネットワーク

（11）文科省「日本語指導が必要な児童生徒に対する指導の在り方について（審議のまとめ）」https://warp.ndl.go.jp/info:ndljp/pid/11402417/www.mext.go.jp/b_menu/houdou/25/05/__icsFiles/afieldfile/2013/07/02/1335783_1_1.pdf（２０２３年10月30日アクセス）

（12）文科省「高等学校における日本語指導の在り方に関する検討会議報告書」https://www.mext.go.jp/content/20211013-mxt_kyokoku-000018412_02.pdf（２０２３年10月30日アクセス）

（13）「帰国・外国人児童生徒等に対するきめ細かな支援事業」の２０２２年度の成果は以下を参照してください。https://www.mext.go.jp/a_menu/shotou/clarinet/003/001/1417255_00012.htm（２０２３年10月30日アクセス）
（14）「国語の力」については以下を参照してください。https://www.mext.go.jp/b_menu/shingi/bunka/toushin/04020301/003.htm（２０２３年10月30日アクセス）
（15）Do Coyle, Philip Hood & David Marsh（2010）*CLIL content and Language Integrated Learning.* Cambridge

9章

自治体の取り組み

日本語指導が必要な子どもへの対応は、自治体によって大きく違います。ここでは、まず体制を整えるべく動き始めた千葉県の事例に触れます。そのうえで、早い段階から外国にルーツのある子どもたちへの支援に取り組んできた神奈川県川崎市と、比較的最近になって学校での日本語教育の支援体制を整え始めた佐賀県の事例から、自治体がどのように日本語教育の体制を整えてきたかをみていきます。

1　千葉県の取り組み

千葉県は、法務省によると国内で6番目に外国人住民数が多く18万2000人以上が在住しています。中でも、以前より特定の国・地域出身の住民が多い千葉市美浜区（主に中国系）

や八千代市（主に日系南米人）に加えて、近年では四街道市や佐倉市にアフガニスタンからの移住者、山武市にスリランカ籍人口が拡大しています[1]。当然のことながら、こういった地域の学校では外国にルーツのある子どもたちの存在があたり前になってきました。特に、昨今の送り出し国の政治経済状況やコロナ禍も相俟って、県内に移動してきた子どもたちの中にはいわゆる学校教育経験が2年程空白である子どもも少なくありません。しかしながら、そもそも県内では教員研修や教職課程の授業で外国にルーツのある子どもの教育のテーマに触れる機会が限られており、教育委員会や学校現場には外国人児童生徒教育や日本語教育、異文化間教育といった関連分野に精通する教職員が多くありません[2]。教育委員会や学校では、研修会やウェブサイトなどで発信されているような県内外における日本語指導の取り組みや教材を参考にしていますが、地域や学校はそれぞれ異なる状況にあるため、必ずしもその通りにできるはずもなく「何となくうまくいっていない」と耳にすることも多いです。

例えば、農林業が主な産業である山武市はいわゆる一部過疎化が進む高齢化地域で、都市部のような交通の利便性や人的資源は限られています。しかし、人や資源をつなぐ「誰か」の存在による波及効果は比較的大きいといえるかもしれません。例えば、文科省のリーディングDXスクール事業の指定校である日向小学校では、校長先生がこれまでに作ってきた学校外の人々とのつながりを活かし、大学と連携することでオンライン日本語交流活動を試行しています。(3)日本語教育を専門としていない大学生らが関わる日本語を通した遠隔の活動はどういったものが可能であり、どのような諸条件が必要か、大学側も小学校側も新しい活動に試行錯誤をしながら模索しています。このケースの場合、校長先生自身が課題意識を持ち探究を続ける中で、さまざまな資源に手を伸ばし、他者と出会い、対話を重ねてきたという延長線上にある実践です。地域の資源が限られる中で、日本語支援員の配置という制度的枠組みは当然重要なのですが、同時に、問題意識を共有しつつ「それなら一緒にこうしていきましょう」と協働できるつながりを学校の外にもつくることで、できることの可能性が広がります。

さて、学校教育での取り組みの難しさはもとより、16歳以上の中学既卒者の場合、公的な学校教育機関の狭間にこぼれ落ちてしまうことも大きな問題です。特に、17歳以下で来日した「家族滞在」という在留資格の場合には、より安定した「特定活動」という資格への書き換えのためには高校進学および就職をしなければなりません。外国人生徒特別入試枠がある高校が増えているとはいえ、その入試に必要な日本語や情報を得るためには、ノンフォーマルな場で学びの機会を得ていくことになります。それが「NPO法人多文化フリースクールちば」のような機関です。(4)２０１４年に設立されたこの団体は、日本語指導の経験・資格保持者や教員免許保有者、そして大学生を含むインターン生やボランティアなどが関わっています。これまでは公的補助が入らず授業料と助成金、寄付金で何とか経営を回してきましたが、現在間借りしている国際交流協会が入居しているビルの減築大規模改修に伴い、スクール自体の存続が危機的状況にありました。運営が大変ながらも、結果的に日本語の基礎学習や高校進学のサポート、そして居場所の提供という目の前にいる子どもにとって非常に重要な取り組みをしてきました。これまで「何とかできてしまった」ものの、2021年以降の子どもの急増はこのようなノンフォーマルな場をさらに逼迫させており、資金的にも人材的にも空間的にも継続がより難しくなってきました。

そんな中、千葉県教育委員会では、外国にルーツのある子どもに対応する庁内体制を整えるため、2019年度末に「外国人児童生徒等教育の方針」を策定しました。それに伴い、2020年度より年1回「外国人児童生徒等の受け入れに関する運営・連絡協議会」が開催されるようになり、外国にルーツのある子どもを受け入れている学校教育関係者、地域の国際交流協会、研究者ら数名が集まり県の現状や課題の報告、方針の検討をするようになりました。また、2023年6月には多文化フリースクールちばが音頭をとり、来日直後の子どもたちと直接的な関わりを持つ関係者を中心に中学高校の先生、ボランティア、行政機関関係者、研究者らが60名ほど集まっての円卓会議が実施されました。大学も運営に携わりつつ、年度内に3回の円卓会議が実施されました。限られた参加人数ではありながらも、これまで県内に点在していた支援実践や知識と経験が目にみえる形で立体的につながるきっかけを作ったこと、それがこのような場を継続的に持つことの大きな意義であったといえるでしょう。さらには、2024年1月1日に「千葉県多様性が尊重され誰もが活躍できる社会の形成の推進に関する条例」が制定され、令和6年度の予算には「外国籍の子供の日本語学習等支援事業」が含まれました。これにより、義務教育年齢を超過した日本語指導を要する外国籍の子どもを支援する「多文化フリースクールちば」のような教室の運営費が一部公的資金により助成されることになります。

このように、千葉県内の外国にルーツのある子どもたちの支援体制は、ここ数年の間に「動いている」という感覚があります。ただ、来日する子どもたちがそれよりも速いスピードで増加し、教室や地域の様子は変化しています。来日直後の子どもたちの学びをサポートするためには限られた点を一時的につなぐだけでは不十分であり、散在している資源をつなぐハブを明確に立ちあげて公的に構造化していく必要があります。そういった意味で、千葉県では、まさにいま「これから」に向けて動き始めたというところです。

2 神奈川県川崎市の取り組み

（1）支援の歴史

神奈川県川崎市は2022年4月時点で外国人の国籍は140ヶ国をこえ、外国人住民の割合は3％弱です。古くからの工業地域である川崎市南部には、在日コリアンが多く暮らす地域があります。川崎市の外国にルーツのある子どもの支援の出発点は、在日コリアンへの差別や偏見を許さない子どもたちを育む人権教育でした。直接子どもたちを支援するだけでなく、学校を開き、地域と連携して支援にあたる体制づくりを進めるとともに、そうした取り組みを全市の先生方が共有するための研修会などが行なわれていました。

川崎の学校現場で「日本語」に焦点があたるようになったのは、市の中・北部の学校を中心に海外から帰国した子どもたちの編入が増加したことによります。1970〜80年代には日本語指導のための教室（当初は「日本語回復学級」と呼ばれていました）が複数の学校に設置されました。また、文部省（当時）の海外帰国子女教育研究協力校として、日本語や「日本の学校」への再適応のための指導のあり方の検討が行なわれました（8章の表1を参照してください）。

1990年代になると、川崎でも就労を目的として南米から来日する保護者に連れられた日本語がまったくわからない子どもたちが増加しました。川崎市の学校が「子どもにも保護者にも日本語が通じない」という状況に直面したのは、この時期からです。とはいえ、川崎に暮らす外国人住民は多様です。集住地域のように南米の子どもたちが大半を占めるということにはなりませんでした。また、一部外国籍の子どもが多く在籍する学校はありましたが、川崎市内の学校のほとんどは在籍数5人未満という状況であり、市の担当者も「人数の割には、川崎は分散型」と認識していました。こうして川崎での支援は新規に日本に来た外国籍の子どもの教育へとシフトしていきました。

(2) 初期の支援体制

川崎市の学校における外国にルーツのある子どもの支援の中心的役割を果たしたのが川崎市総合教育センターです（現在、外国人児童生徒担当部署は教育委員会に移行）。編入学してきた外国籍の子どもの受け入れ、支援者の募集や派遣、先生方への研修、川崎市の体制づくりを担当指導主事と非常勤の教育相談員が担っていました。私が川崎市に関わり始めた20年ほど前は、日本語での学校生活に不安があると保護者が申告したすべての子どもたちの面接をこの2名で行なっていました。

直接的な指導に最も深く関わってきたのは「日本語指導等協力者（以下「協力者」と呼びます）」と呼ばれる人たちでした。協力者は日本語指導が必要と判断された子どもの支援のために、川崎市教育委員会から派遣される支援者（協力者の制度は1988年に「帰国子女」への日本語指導として始まりました）で、「週に2回、1回2単位時間」を基本として子どもたちの母語を用いながら学校生活への適応を図り、こころのケアを行なうことを最も大切な業務としていました。そのため、教員免許や日本語教育に関する知識経験は採用時の条件ではありませんでした。「日本語指導の前にこころの安定を。安心して学校に通える環境を」という考え方は、川崎市の「外国人児童生徒支援」担当の指導主事が国際理解教育や人権教育に関わってきた先生に引き継がれてきたということもあり、長く川崎の基本方針として大切にされてきました。子どもたちの母語が話せる支援者を一人ひとりに派遣する制度はとてもきめ細やかな、先進的な取り組みでした。しかし、学校現場からするとほとんどの先生には困難な「母語による支援」が重視されたことで、子どもたちへの指導は「任せてよいもの／任せざるをえないもの」という印象を与えてしまった感がありました。また協力者の役割に「基本的な日本語の指導」があったため、「日本語指導も協力者が行なう」といった認識が学校の中で形成されやすく、結果として本書2部で取りあげたような、日本語教育の専門性を持たない人が日本語を教える役割を担うという状況が川崎にもみられるようになりました。

担当指導主事は、日本語指導が必要なすべての子どもとすべての協力者を知っており、可能な限り子どもと協力者の「ベストな組み合わせ」を目指していました。協力者が集まって話し合ったり、研修を受けたりする場は設けられていましたが、子どもの実態に応じて指導するという方針のもと、基本的には教材も進め方もそれぞれの協力者に任されていました。しかし日本語指導を必要とする子どもたちの増加に伴って協力者の数も増えていき、指導経験や言語力、業務外の支援要請にどこまで対応するかなどのさまざまな違いが表面化してきました。学校や保護者から「A先生は対応してくれたのに今度のB先生は……」といった声が聞こえてくることもあり、市として一定の枠を作り、役割や指導の内容を明確にする必要が出てきました。指導内容については協力者有志の勉強会を中心に「にほんごのあゆみ」が作られました。これは日本語指導の記録の形をとりながら、指導を受けている子どもやその保護者には日本語学習の進み具合を、先生にはその子の日本語の状況を、協力者にはかれらに求められる「日本語指導の内容」をそれぞれ示せるようにしたものでした。作成にあたっては、日本語を母語としない協力者にも使いやすいものにすることが重視されました。こうした検討の場には担当指導主事も参加し、協力者と総合教育センターの協力のもと、川崎市の日本語支援は行なわれてきました。

（3）変わっていく支援体制

しかし、徐々に外国にルーツのある子どもたちを取り巻く環境が変化していきます。先ほどみたように、2014年には、「特別の教育課程」による日本語指導が導入され、日本語指導を正式な教育課程として位置づけ、教員免許保持者が指導の中心になることが期待されるようになりました。川崎でも外国籍の子どもの数が急増するとともに、国籍の多様化がますます進み、中国籍の子どもたちをはじめ、フィリピン、ベトナム、ネパールなどの子どもたちが増えました。そのため、協力者の人材確保はもちろん、母語での対応や日本語指導が進みにくいなどの課題を抱えるようになりました。川崎市ではこうしたさまざまな状況に対応すべく幅広く議論を行ない、２０２０年度から支援体制の大きな転換を図りました。これまでの支援の考え方を大切にしながらも現在の課題に合わせた形へ変化させています。

まず、「日本語指導が必要な児童生徒」の在籍する学校への国際教室の設置を積極的に進め、正規の先生の配置を増加させました。国の基準では該当する子ども18人に１人の配置ですが、川崎市では5人に1人とし、20人以上になるとさらに1人の担当者を配置しました。その結果、２０１９年には33人の先生が27校に配置されました。日本語指導を担当する非常勤講師を採用し、主に国際教室未設置校の子どもに対し週1回巡回指導を行なうようになりました（国際教室で指導する場合もあります）。採用条件として、「小学校か中学校の教員免許」「日本語教員資格（日本語教育能力試験合格、４２０時間課程、大学での副専攻以上）」「日本語能力試験Ｎ１合格」「日本語指導等協力者としての勤務経験」のいずれかを求め、特別非常勤講師として「教員」の資格を有した形で指導にあたるようにしました。「日本語能力の育成」

を目指して「日本語で指導」するこの制度は、「母語によるこころのケア」を最重要視して進めてきた日本語指導等協力者による支援とは一線を画したものになりました。これに伴い個別だけでなくグループ指導に力を入れるようになってきています。在籍学級での学習活動に参加できるようになることを目指して行なう取り出し指導では、教室同様「1（指導者）対多（学習者）」の場を経験させることが重要だからです。ただし、当初は協力者出身の非常勤講師から「どのようにグループ指導したらよいかわからない」という不安も多く聞かれました。今後どのように進んでいき、成果をあげていくのか注目していきたいと思います。

一方、日本語指導等協力者の派遣として行なってきた母語を使った支援については民間の事業者と業務提携し、日本語指導初期支援者の配置という形で「1週間に2回、1回2単位時間」を基本に1人100単位時間分の支援が行なわれるようになりました。子どもだけでなく、保護者への対応も含めてより有効に「母語による支援」を提供することを目指した変化でした。

こうしたさまざまな関連施策を一括して所管する部署として、教育委員会内に「人権・多文化共生教育担当」が設けられ、現場の声を聞きながら川崎市の施策を充実させ積極的に推進するための体制が作られました。外国にルーツのある子どもへの支援は、その子どもはもちろんのこと、保護者、担任の先生、学級の子どもたちを含む学校全体への支援でもあり、広く捉えれば地域の支援にもつながります。川崎市では、施策の見直しによって、指導が必要なすべての子どもに対して、学校の先生による「特別の教育課程による日本語指導」と支援員による「母語での支援」を実施する形を新たに作りました。支援の体制がすでにできており、一定の評価を得ている中でそれを変えていくというのはエネルギーがいることです。しかし状況は変わっていきます。課題に向き合いながらより良い姿を目指して進んでいく、川崎市の事例はそれを示しているのだと思います。(5)

3 佐賀県の取り組み

文科省の「日本語指導が必要な児童生徒の受入状況等に関する調査（2021年度）」をみると、佐賀県の日本語指導が必要な子どもの数は74人です。前回調査からの増加割合は「外国籍」の子どもが114・3％、日本国籍の子どもが161・9％と急増してはいますが、全国的にみて多い数字ではありません。また2019年の佐賀県独自の調査によれば、日本語指導が必要な子どもの約半数は佐賀市に在籍しており、県全体でも5人以上在籍する学校は佐賀市内の3校しかないとのことです。佐賀県の担当指導主事は「2014年度は指導体制がほぼゼロといっていい状態だった」と述べており、学校での日本語指導については間違いなく後発といってよいでしょう。佐賀県がどのようにして日本語指導の体制を作ってきたのかみていきましょう。

(1) 体制づくりの流れ

佐賀県が日本語指導の体制づくりに動き始めたのは2014年度のことです。2014年は、省令改正により「特別の教育課程」による日本語指導が可能になり、「学校における日本語指導」が注目された年でした。こうした流れの中で佐賀県教育委員会(以下、「県教委」)が外国籍の子どもに関わる支援や施策の状況について調査を行なったところ、支援活動自体はいくつか行なわれているものの、それぞれが単独で動いており、組織的な活動になっていないことが判明しました。また外国籍の子どもが一定数在籍している小学校への聞き取りから、学校が「指導困難な状況を抱え込んで」おり、一部の先生に負担がかかっていること、家庭の支援まで学校が行なっている状況があることが明らかになりました。学校での日本語指導としては、海外から帰国した子どもへの対応を役割とする「非常勤講師」が巡回で担っていました(県の事業としての「非常勤講師派遣」は現在も継続しています)。この段階で県教委として「把握しておくべき情報が把握できていなかった。このままではいけない」という認識を持ったと担当指導主事は語っています。そして、関係機関とも連携した全県的な日本語指導体制整備に向け、すでに体制を整えている自治体の視察、文科省や文化庁への問い合わせを繰り返して情報収集に努め、「2016年度に担当教員を佐賀市に配置し、国際教室のモデルを作る」ことを一つの目標として設定しました。

県教委主導で始まった計画ですが、教室の設置、担当の先生の配置を考えると佐賀市教育委員会（以下「市教委」）の協力は不可欠です。2014年度のうちに県教委から市教委に対し、この事業の重要性についての説明が行なわれ、市教委を通して「初代日本語指導担当教員」の候補者の人選が始まりました。これは、2015年度の教職員支援機構（当時は「教員研修センター」）主催「外国人児童生徒等に対する日本語指導指導者養成研修」に担当となる教員を派遣し、指導の実際について学んでもらうためでしたが、通常の校内人事からすると時期的にかなり早い動きです。県教委の担当者は当時の状況を振り返り、「佐賀市教育委員会の理解と協力が非常に大きかった」と述べており、この事業に関して県教委と市教委の連携がとれていたことがうかがわれます。

2016年度、佐賀市内の二つの小学校に日本語担当の先生が配置されました。市教委は市内の日本語指導体制を作るとともに県内ではじめての「教員が常駐する国際教室」を軌道に乗せるという大きな役割を担うことになりました。特に担当指導主事には、設置校の校長先生にこの取り組みの意義を伝え、学校の体制づくりを支援し、担当となった先生からあがる大小さまざまな問題を解決していくことが求められました。こうした市教委と学校現場を支えるため、県教委は「日本語指導教員配置に係る担当者連絡会」を設置し、県教委・市教委・配置校の校長先生・担当の先生が顔を合わせて直接情報交換をする場を設けました。研究授業後などのタイミングでこうしたメンバーが集まり、県教委に対して日本語担当の先生が直接「モノ申す」ということもありました。こうした場の存在が行政に対する現場の信頼感を高めていたのだと思います。この会はその後「担当者連絡協議会」となり、現場の声を県教委が直接聞く場として現在も続いています。

佐賀県では、県教委の強いリーダーシップの下、計画的に体制づくりが進められていきました。そのよい例が、県内3校目の国際教室設置校決定の経緯です。2017年に三つ目の国際教室が設置されたのは、福岡県に近く指導対象の子どもが多い鳥栖市ではなく、伊万里市でした。佐賀県には東西二つの教育事務所があり、佐賀市や鳥栖市は東部教育事務所に属します。伊万里市が選ばれたのは県教委の「将来のために西部教育事務所管内にも日本語指導の拠点を」という考えからでした。対症療法的な支援の積み重ねで体制ができていく地域が多い中、長期的な視点で戦略的な動きができたのは、課題を含めて先行事例を集めることができたからではないかと考えます。

（2）支援をつなぐ

佐賀県には以前から日本語支援のボランティア団体があり、担当の先生の配置前から学校に入って初期指導なども行なっていました。また、佐賀大学を中心として外国にルーツのある子どもたちの居場所づくりを行なっているグループもあります。佐賀県国際交流協会でも、県内の外国人住民支援を行なってきました。県として学校での日本語支援に取り組む以前から、保護者対応をする時に国際交流協会から通訳の方を紹介してもらう、国際理解や多文化共生に関心を持つ先生が佐賀大学のイベントをクラスの子どもに紹介する、といったことはずっと行なわれていたでしょう。県教委はこうしたグループとつながりを作り、それぞれが持つ情報やネットワークから学校での日本語指導、外国にルーツのある子どもの受け入れについての助言を得る体制を整えようと、各団体の代表者を有識者として先述の「連絡協議会」のメンバーとしました。一方で、それぞれの団体が行なうイベントや研修会などについて県教委が鏡文をつけて情報を発出する、指導主事らが研修会講師を務めるなどして双方のプラスになるようなつながり方を模索しました。

2018年に佐賀市内の中学校に、2023年に鳥栖市にも日本語担当の先生が配置され、現在は佐賀市（小学校2校、中学校1校）と伊万里市（小学校1校）鳥栖市（小学校1校）の5人の先生が中心となって指導を進めています。かれらは、所属校での指導のほか、巡回での指導も行ないます。また、巡回先で校内研修会を開き日本語指導の必要性や子どもたちの状況などについて伝えたり、県が雇用する日本語指導のための非常勤講師の研修会で講師を務めるなどして人や情報をつなぐ役割を果たしています。

（3）体制を維持するために

最後に、担当の先生の役割に触れながら佐賀県の事例からみえてくる体制づくりのポイントや課題についてまとめたいと思います。体制づくりについてはよく考え練られた計画を立てていましたが、実際に指導するとなるとその内容については担当者に一任されました。佐賀県ではじめての「日本語指導担当教員」となった二人の先生は、ベテランで、学校の動きも熟知しており、校内の教職員を動かしていけるだけの実績を持っていました。もともと同じ学校で勤務していたこともあり、一緒に考え、悩むことができる関係性ができていたのもプラスに働いたと思います。初代担当者は「学べるものは何でも学ぶ」という姿勢で情報を集め、実践を重ねました。県外の研修会にも積極的に参加して人脈を作り、それを利用してさらに学ぶ場をみつけ出そうとしていました。教育委員会などは予算措置について柔軟な対応をすることでそれを支えました。この二人の先生の学びに対する貪欲さなしには佐賀県の日本語指導は進まなかったでしょう。一方で、どんなに体制を整えても最後は担当となった先生の意欲次第になってしまうというところに課題もありそうです。

この指導体制を持続可能なものにするために、大きく三つの動きがみられるように思います。一つ目は担当者間の連携を深めることです。2016年当初、市教委は毎週月曜の午後を二人の先生の打ち合わせ時間として確保していました。担当する子どもの数の増加で週1回の担当者ミーティングを続けることは難しくなってしまいましたが、いまもオンラインを活用して常に情報を共有しています。教室設置当初の「担当者が一緒に考える」ことが常態化していて、それが担当者の密な関係性を作り、指導案検討などでの率直な意見交換につながっているように思います。二つ目は「計画的な引き継ぎ」です。佐賀市では日本語教室設置から3年目に初代担当者のうち1人が交代しました。二代目となる先生は、1年間教育センターで日本語指導を学んだうえでの着任でした。そして、担当が交代した後も前任者が同じ学校に残り、いつでも前任者に相談できる体制を整えました。体制を維持することの重要性を認識してのことだと思います。三つ目は散在地域である佐賀県で、教育委員会、担当教員とも重視している「一般の先生方への啓発活動」です。担当の先生は積極的に自分の授業を公開し、協議会を通して一般の先生に日本語指導や外国にルーツのある子どもの支援について伝えています。日本語指導の対象者が少ない伊万里市では管理職を含めた一般の先生に向けて、毎年市教委主催の研修を続けています。佐賀市の公開授業では、当初、地域で支援活動をしている人が多く集まる傾向がありましたが、徐々に教員の参加者が増え、「この取り出し授業は通常学級でどのように活かしていけばよいか」といったディスカッションが行なわれるようになりました。こうした働きかけの成果か、「日本語指導をやってみたい」という先生が出てくるようになりました。

佐賀県の関係者はよく「小規模だからできた」と言います。しかし佐賀県の体制づくりの特徴は「後発」のメリットを最大限活かした計画性とつながりを作る力にあると思います。知らなければ周囲に情報を求める、教えてもらうことに躊躇しないというのは、佐賀県の体制づくりに関わったどの立場の方も共通しています。佐賀県では、個々のつながりによって得た情報をもとに計画的に体制づくりを進めるとともに、それらを常にみなで共有することで、外国にルーツのある子どもの支援で課題とされる担当者個人への依存を脱し、持続可能な指導体制を作っていこうとしています。(6)

注

(1) 千葉大学移民難民スタディーズ×NPO法人多文化フリースクールちば（2022）『千葉の移民コミュニティの教育と福祉に関する調査――アフガニスタン人とスリランカ人のコミュニティの現状』千葉大学移民難民スタディーズ

（2）小林聡子・相良好美・土田雄一（２０２３）「外国人児童生徒をめぐる基本情報の浸透度合い――教員と教職課程受講生へのアンケート調査を事例に」『千葉大学教育実践研究』第26号

（3）小林聡子・佐々木綾子・大木圭（２０２４）「小学校・大学間における遠隔日本語交流活動――「指導」ではないアプローチの模索」『千葉大学国際教養学研究』第８号

（4）「ＮＰＯ法人多文化フリースクールちば」については以下を参照してください。https://www.tabunka-freeschool-chiba.org/（２０２３年10月30日アクセス）

（5）川崎市の取り組みは以下を参照してください。令和４年度「帰国・外国人児童生徒等に対するきめ細かな支援事業」に係る報告書の概要（川崎市）https://www.mext.go.jp/content/20230511-mxt_kyokoku-000029651_121.pdf（２０２３年10月30日アクセス）

（6）佐賀県の取り組みについては教職員支援機構主催「共生社会を実現する教育研究セミナー（1）――外国人児童生徒との共生（２０１９年12月５日）」において「大学と教育委員会の連携」として報告した内容に基づきます。また、以下も参照してください。令和４年度「帰国・外国人児童生徒等に対するきめ細かな支援事業」に係る報告書の概要（佐賀県）https://www.mext.go.jp/content/20230511-mxt_kyokoku-000029651_109.pdf（２０２３年10月30日アクセス）

終章 これからの子どもの日本語教育に向けて

1 子どもの日本語学習

ここではこれまで述べてきたことを振り返りつつ、私たちが提案したいことをまとめていきます。子どもの日本語教育が開始され30年が経過しました。この間、実践が積みあげられ成果も多く蓄積されてきました。学校での日本語教育は体系化されつつあるようにみえます。しかし、はたしてそうでしょうか。学校の日本語教育が進んでくると日本語を教えること、日本語を習得させることに何ら疑問を挟まないような状況を生み出すことになりました。これまで学校や先生方は懸命に日本語教育を行なってきたことは間違いありませんが、懸命になればなるほど、日本語やその教育を問い直すことがなくなっていくということがおきているように思えてなりません。1章で述べたように、これまでの固定した関係性を前提に日本語教育を進めれば、実践に潜む問題を捉え直すことができなくなってしまいます。こうした実践を見直すには、その背後にある固定した関係性を組み替え、新たな関係性を築くことが必要です。

このことを具体の事例を通して考えたのが2章です。「言語」は決して中立ではなく、多様な機能を持っていることや「日本語」をめぐるみえにくい特権性を取りあげています。日本語を学ぶ子どもたちを「日本語がわからない」といったように差異を欠陥としてみたり、「自分たちの文化とは異なるから交わらない」と差異を絶対化して捉えたりするのではなく、どのような状況で、どんな時に差異がおこり、課題となるかをまずは理解することが重要です。そのためには、学校や先生・指導者が自分たちの「特権性」を自覚し、自分がどの位置から何をみようとしているのかを考えてみることが必要です。こうした日本語という「ことば」をめぐる問い直しは、先生・指導者だけでなく、日本語を学ぶ子どもにとっても、そうでない子どもにとっても重要です。言語の多様な側面を理解することで、自分と他者の関係性を捉え直し、新たな関係構築へとつながっていきます。

3章では、外国にルーツのある子どもを学校で受け入れる時に、不可視化されている「日本語」自体を多面的に捉えることの重要性を指摘しました。「日本語」や「母語」の語彙や文法に関する明確な評価がなされずに「知能の遅れ」や「勉強ができない」とみなされてしまうことで、本来必要な日本語の指導が行き届かず、「痒いところに手が届かない」支援に終始してしまうといったことが学校でおきています。また、このような学習支援についてだけでなく、子ども同士の関係性や家庭言語・文化に対する態度といった社会関係にも影響をおよぼしています。学校で自明視してきた「日本語」を問い直すことの必要性が浮かびあがっています。

2　学校の日本語教育

学校の日本語教育を子どもの側から捉えると何がみえてくるでしょうか。まず4章では、子どもの側から「日本の学校で生きていくこと」をいくつかのエピソードを通して明らかにしています。学校や先生は「日本語教室」で日本語を学ぶことを当然のこととして行なっていますが、子どもは「日本語教室にいた自分」を否定的に捉え、「日本語教室」で学習することが重圧だったといいます。もちろん個別の取り出しの指導は必要ですが、個別の支援については子ども自身がその学習の意義を感じとることが重要です。子どもにとっての意義とは、5章でみたようにその学習の結果、日本語が通じた、勉強に参加できたことを実感できることです。子ども自身が有用性を自ら感じとっていくようにすることが大切です。

日本語教育における母語の重要性はこれまでも指摘されてきました。しかし、理念や理論としてはわかるが、どのように実践するかはまだはっきりしていません。そこで6章では母語について取りあげました。最近、複数の言語能力が相互に補完的な役割を果たしているという「複言語主義」の考え方が出てきましたが、実際に母語をどのように位置づけるかはなかなか難しい課題です。単に日本語を母語に翻訳すればいいというわけではありません。母語の力、母語で培ってきた知識や経験を十分に活かし、日本の教室での学習活動に参加できるような手立てをしっかりと考えていく必要があるということです。

学校の日本語教育では、それを支える先生の実践的な力量が必要です。先生の日本語教育の研修は、体制がない、機会がないという現実があります。しかも、先生方の多くはこれまでのこの教育についてほとんど学んだことはなく、見聞きした経験もないのが一般的です。体系的な研修が必要なことはいうまでもありませんが、いわば上からの研修を自分の実践に活かすことは難しいのが現状です。しかも、いま、先生の過剰労働が議論されている中で研修をどのように行なうか岐路に立っています。7章では担当する先生が自ら学びの場を探し、そこで出会った人たちと横のつながりを作って指導力を高めていることに注目しました。特に、学校内外に「相談できる人・場」を作り出し、実践について意見を交換し、それを自分の学校に持ち帰って校内に広めるといった研修のあり方は傾聴に値します。しかし、その時間をどのように生み出せるか、個人的な研修を保障するような仕組みをどう作っていくかが課題です。

3　国と自治体の取り組み

学校の日本語教育を大きく規定するのは、国と自治体の政策・施策です。まず国の政策・施策を取りあげました。２０１０年代以降、国の政策・施策に変化がみられるようになりました。①政策立案に教育現場に精通した人や当事者などの意見が一定程度反映されるようになった点、②教育政策の目指すべき方向性が明確になった点、③政策・施策の相互のつながりが意識されるようになった点、④全国規模の調査が行なわれ、そのデータをもとに政策・施策が検討されるようになった点、⑤国が自治体に向けて一定の指針を示すようになった点です。しかし、問題も多いです。①新たな課題がおこるたびに、新たな施策を講ずるという「上積み方式」になっている点、②政策・施策を実現する財政的な裏付けが不十分な点、③就学前と小学校との接続、中学から高校への接続、さらに中学卒業・高校卒業と就労の接続などのタテの接続と教育と福祉や医療の接続、教育と労働の接続などヨコの接続に関わる政策・施策が不十分な点、④教育政策の二重構造化という点、そして⑤根本に関わることで、これまでの政策が日本の公教育の枠組みを前提して展開されてきたため、限界があるという点です。この教育をこれから進めていくには、日本の公教育の枠組み自体の問い直しが必要ですし、抜本的な制度改革も必要です。

最後に三つの自治体の取り組みに注目しました。千葉県内の外国にルーツのある子どもたちの支援体制を評価しつつも、現実には速いスピードで子どもたちが増加し、教室や地域の様子は変化しており、こうした現実にいかに対応するかを課題にあげています。来日直後の子どもたちの学びをサポートするためには限られた点を一時的につなぐだけでは不十分で、散在している資源をつなぐハブを立ちあげて構造化していくことが必要であり、教育委員会がその役割を担うことを課題としてあげています。

川崎市は在日コリアンの教育から出発し、外国にルーツのある子どもの教育に先進的に取り組んできた自治体です。多くの施策を講じてきましたが、ややもすると体系性に欠けるきらいがありました。そこで、さまざまな関連施策を一括して所管する部署（「人権・多文化共生教育担当」）を設け推進する体制を作ってきました。川崎市の取り組みは、子どもはもちろんのこと、保護者、担任の先生、学級の子どもたちを含む学校全体への支援でもあり、地域の支援にもつながっています。しかし、現実は日々大きく変わっています。そこで新しい動きとして、多くの学校に「国際教室」を設置し、担当する先生と非常勤講師として任用した指導者を配置したこと、「母語での支援」を民間の事業者に委託して実施するようになったことがあります。こうした取り組みの評価はこれからですが、新たな課題に対応するため、柔軟な仕組みを作ることが自治体の強みだといえます。

佐賀県は、外国にルーツのある子どもの教育についてはいわば「後発」の自治体ですが、それを活かした取り組みを行なっています。例えば、知らなければ周囲に情報を求める、教えてもらうことに躊躇しないという点です。また、子どもの数があまり多くありませんが、逆に「小規模」での取り組みが可能になります。担当者の人事配置や引き継ぎ、また個々のつながりによって得た情報を常に関係者で共有することで、県全体に広めようとしてきました。行政が柔軟で迅速な人事配置や研修の時間や場を確保して対応しています。しかも担当者個人への依存を脱し、持続可能な教育の体制を作っていこうとしているのが佐賀県の取り組みです。

三つの事例から当然一般化などはできませんが、ただいずれも自治体が現実の動きに柔軟に対応し、迅速に運用できる仕組みを作っていくことで課題を解決できる可能性があることが浮かびあがってきました。国は一定の指針を示すようになりましたが、自治体はそれをそのまま受け止めるのでなくそれぞれの特性に応じて対応しているといえます。

4　子どもの日本語教育の課題

私たちが本書で伝えたかったことは、学校での子どもの日本語学習の可能性を広げることです。そのため何をなすべきか本書を通して得られた知見をもとにまとめておきましょう。第1に日本語を教えることを「善」として進めるだけでなく、その行為の背後の意味を捉え直すことが必要です。学校の日本語教育は、いわば「特権性」のもとに進められてきました。このことを自覚する必要があります。それは外国にルーツのある子どもの捉え方を転換し、子どものいまを肯定的に捉えることと、ことばの多面性に注目することです。また、日本語と日本の学校への適応のみを強調する日本語教育ではなく、外国にルーツのある子どもたちが自分がおかれた環境に働きかけ、その環境をつくり変える力をつけるような日本語の学習を構想していくことが課題です。

第2は子どもの視点から学校での日本語教育を捉えていくことです。日本語教育で進めている個別の「取り出し」の指導は、子どもの側から捉えると日本語ができない、疎外されているという感覚を持ち、負担になっているといいます。ただ、このことは決して個別の指導を否定するものではありません。子ども自身が日本語学習の意義を感じとれるようにすることが必要です。友だちとやりとりができた、勉強に参加できたという達成感が必要だということです。

第3は母語の位置づけです。本書では複言語主義の視点の重要性を指摘しましたが、学校でどのように実践するかはこれからの課題です。学級で子どもたちは多様に母語を駆使して授業に参加しています。母語を学習でどう活かすかが重要です。大上段にふりかぶり母語教育をいかに実現するかというと学校ではハードルがあがります。子どもたちは多様な学習場面で母語を子ども自身が活用しています。そのことに注目していくことが大事です。母語の力、母語で培ってきた知識や経験を十分に活かし、日本の教室での学習活動に参加できるような手立てをしっかりと考えていくことが重要です。また、母語教育の実施には地域の力にも注目したいと思います。実際に地域では母語教育に取り組んでいる組織や団体もあります。こうした取り組みにも注目していく必要がありますし、財政的な支援を行なっていくことが課題です。

第4は先生方の研修です。この教育の研修はいわば「ナイナイ尽くし」とまでいわれてきましたが、国、自治体、さらに大学などでも研修が行なわれるようになりました。ただ、そうした研修を実際の実践におろしていくことは容易ではありません。ここでは個人的なネットワークによる自己研修のあり方に注目しました。日本の教育には「民間教育研究」という歴史があります。そこでは各自の課題を持ち寄りそれを解決するための話し合いからヒントを得て自分の実践におろすという方法をとってきました。特に、子どもの学習の筋道からその指導や教育について考えてきました。ここで過去に回帰するような提案をしたいわけではありませんし、昨今の先生の「過剰労働」の中でどのように実現するかは大きな課題です。しかし、子どもの学習をしっかり見据えた課題を自分なりに考えてどのような実践の可能性があるかを共に考えていくような仕組みを作っていくことが重要ではないでしょうか。そのためには学校の管理職や教育委員会が惜しみない支援をしていくことが必要です。

第5は国と自治体の政策・施策についてです。この30年間、かなり前向きに進められているというのが実感です。国も自治体も現状の制度のもとで何が可能かを探ってきました。特に自治体では日々変化する現実に対応する施策を講じています。しかし、国の政策・施策はあくまでも日本の公教育の枠組みでなされており、その壁にぶつかっています。自治体は国の政策をそのまま施策として展開しているわけではありませんが、現行の制度という枠組みから逃れられません。だからこそ、自治体や学校、そして担当になった先生に「日本語指導をしなさい」と言っても難しい面があります。本書で触れたJSLやDLAについては文科省のWebサイト上で情報の提供がされていますが、現実には知らない先生も多く、聞いたことがある人でも実践をするにはハードルが高いと感じてしまうという声を聞きます。「日本語」が正当に学校に位置づけられていない現状では当然かもしれません。「日本語」を教科にしていくことを目指すべきではないでしょうか。教科になれば、発達段階や学年ごとに体系的な「日本語」の内容を示していくことができます。そのことで自治体や学校が積極的に日本語教育を推進できるようになります。

これからますます外国にルーツのある子どもが増えていくことは間違いありません。政策や施策は長期的な視点からこれから生きる子どもたちの未来を切り拓くことを目指していく必要があります。外国にルーツのある子どもを見据えた政策づくりが必要ですし、それを実現できるように多くの関係者が手を取りあっていくことが何よりも重要なことではないでしょうか。

著者紹介（[　] 内は執筆担当）

佐藤郡衛（さとう・ぐんえい）[序章／1章／5章4／8章／終章]

東京学芸大学教授、東京学芸大学理事・副学長、目白大学学長、明治大学特任教授などを経て、現在、東京学芸大学名誉教授、目白大学名誉教授。2020年4月より国際交流基金日本語国際センター所長。専門は異文化間教育学／博士（教育学）。

〈主な著書・論文等〉

「外国にルーツのある子どものキャリア支援──小中学校の取り組み」（『日本語教育』184号、日本語教育学会、2023年）

『海外で学ぶ子どもの教育』（共著、明石書店、2020年）

『多文化社会に生きる子どもの教育──外国人の子ども、海外で学ぶ子どもの現状と課題』（明石書店、2019年）

『聞いてみました！　日本にくらす外国人（全5巻）』（監修、ポプラ社、2018年）

菅原雅枝（すがはら・まさえ）[4章／5章1、2、3／6章／7章／9章2、3]

公立学校講師、日本語学校教師、シェフィールド大学日本語講師、小中高校での日本語指導非常勤講師などを経て2010年に東京学芸大学国際教育センター着任。現在愛知教育大学日本語教育講座准教授。専門は年少者日本語教育。

〈主な著書・論文等〉

「多文化化する学校」（佐々木幸寿編『教職総論』学文社、2019年）

「授業・学力に関する事例：小学校」（咲間まり子編『多文化保育・教育論』（株）みらい、2014年）

「学習を支えるネットワーク──川崎の事例から」齋藤ひろみ・佐藤郡衛編『文化間移動をする子どもたちの学び──教育コミュニティの創造に向けて』（ひつじ書房、2009年）

小林聡子（こばやし・さとこ）[2章／3章／9章1]

カリフォルニア大学アーバイン校、カリフォルニア州立大学ノースリッジ校アジア系アメリカ人研究科等での非常勤講師を経て、現在、千葉大学大学院国際学術研究院准教授。専門は教育人類学、言語人類学、異文化間教育学／博士（教育学）。

〈主な著書・論文等〉

「『タダシイコト』をめぐるアプローチの葛藤──『教養』と『実践』を架橋する研究方法論へ」（『異文化間教育』55号、異文化間教育学会、2022年）

『国際移動の教育言語人類学──トランスナショナルな在米「日本人」高校生のアイデンティティ』（明石書店、2021年）

『クリティカル日本学──協働学習を通して「日本」のステレオタイプを学びほぐす』（共編著、明石書店、2020年）

子どもの日本語教育を問い直す
——外国につながる子どもたちの学びを支えるために

2024年 4月15日 初版第1刷発行

著 者 佐 藤 郡 衛
菅 原 雅 枝
小 林 聡 子
発行者 大 江 道 雅
発行所 株式会社明石書店
〒101-0021 東京都千代田区外神田6-9-5
電 話 03（5818）1171
FAX 03（5818）1174
振 替 00100-7-24505
http://www.akashi.co.jp
装丁 明石書店デザイン室
印刷・製本 モリモト印刷株式会社

ISBN978-4-7503-5770-6
（定価はカバーに表示してあります）

国際理解教育　多文化共生社会の学校づくり
佐藤郡衛著　◎2300円

外国人児童生徒受入れの手引【改訂版】
文部科学省総合教育政策局 男女共同参画共生社会学習・安全課編著　◎800円

国際移動の教育言語人類学　トランスナショナルな在米「日本人」高校生のアイデンティティ
小林聡子著　◎3600円

クリティカル日本学　協働学習を通して「日本」のステレオタイプを学びほぐす
ガイタニディス・ヤニス、小林聡子、吉野文編著　◎2200円

日本語学習は本当に必要か　多様な現場の葛藤とことばの教育
村田晶子、神吉宇一編著　◎3000円

多言語化する学校と複言語教育　移民の子どものための教育支援を考える
大山万容、清田淳子、西山教行編著　◎2500円

アイデンティティと言語学習　ジェンダー・エスニシティ・教育をめぐって広がる地平
ボニー・ノートン著　中山亜紀子、福永淳、米本和弘訳　◎2800円

ことばの教育と平和　争い・隔たり・不公正を乗り越えるための理論と実践
佐藤慎司、神吉宇一、奥野由紀子、三輪聖編著　◎2700円

共生社会のためのことばの教育　自由・幸福・対話・市民性
稲垣みどり、細川英雄、金泰明、杉本篤史編著　◎2700円

考えるための日本語　問題を発見・解決する総合活動型日本語教育のすすめ
細川英雄＋NPO法人「言語文化教育研究所」スタッフ著　◎2400円

新装版 カナダの継承語教育　多文化・多言語主義をめざして
ジム・カミンズ、マルセル・ダネシ著　中島和子、高垣俊之訳　◎2400円

言語マイノリティを支える教育【新装版】
ジム・カミンズ著　中島和子著訳　◎3200円

リンガフランカとしての日本語　多言語・多文化共生のために日本語教育を再考する
青山玲二郎、明石智子、李楚成編著　梁安玉監修　◎2300円

グローバル化と言語政策　サスティナブルな共生社会・言語教育の構築に向けて
宮崎里司、杉野俊子編著　◎2500円

グローバル化と言語能力　自己と他者、そして世界をどうみるか
OECD教育研究革新センター編著　本名信行監訳
徳永優子、稲田智子、来田誠一郎、定延由紀、西村美由起、矢倉美登里訳　◎6800円

持続可能な大学の留学生政策　アジア各地と連携した日本語教育に向けて
宮崎里司、春口淳一編著　◎2800円

〈価格は本体価格です〉